하용조 강해서 전집 6

느헤미야

기도로 돌파하라

하용조 강해서 전집 6

느헤미야
기도로 돌파하라

지은이 | 하용조
초판 발행 | 2012. 4. 2
개정판 발행 | 2021. 7. 21
2쇄 발행 | 2023. 5. 18
등록번호 | 제1988-000080호
등록된 곳 | 서울특별시 용산구 서빙고로 65길 38
발행처 | 사단법인 두란노서원
영업부 | 2078-3352   FAX | 080-749-3705
출판부 | 2078-3331

책값은 뒤표지에 있습니다.
ISBN 978-89-531-3507-9 04230

독자의 의견을 기다립니다.
tpress@duranno.com   www.duranno.com

두란노서원은 바울 사도가 3차 전도여행 때 에베소에서 성령 받은 제자들을 따로 세워 하나님의 말씀으로 양육하던
장소입니다. 사도행전 19장 8-20절의 정신에 따라 첫째 목회자를 돕는 사역과 평신도를 훈련시키는 사역, 둘째 세
계선교(TIM)와 문서선교(단행본·잡지) 사역, 셋째 예수문화 및 경배와 찬양 사역, 그리고 가정·상담 사역 등을 감당하
고 있습니다. 1980년 12월 22일에 창립된 두란노서원은 주님 오실 때까지 이 사역들을 계속할 것입니다.

하용조 강해서 전집 6

느헤미야

기도로 돌파하라

두란노

무너진 공동체의 자리, 기도하면 바꿀 수 있습니다

느헤미야는 할아버지와 아버지의 뒤를 이은 바벨론의 포로였습니다. 소위 이민 3세대에 해당합니다. 포로 출신인 그가 페르시아 아닥사스다 왕의 술 맡은 관원이 되었습니다. 술 맡은 관원은 굉장히 중요한 직책으로 임금과 음식을 나누면서 국정을 논하고 여러 가지 자문을 해 주는 역할입니다. 즉 그는 실력을 겸비한 사람이었고, 왕의 마음에 딱 드는 매력 있는 사람이었습니다. 뿐만 아니라 느헤미야는 하나님을 경외하며 기도하는 사람이었습니다.

사실 세상에서 잘나가는 사람은 믿음이 약할 수 있습니다. 또한 믿음만 강조하는 사람은 현실을 헤쳐 나가는 능력과 기술이 부족할 수 있습니다. 느헤미야처럼 하나님을 경외하는 마음과 실력을 겸비한 사람이어야 세상을 변화시킬 수 있습니다.

아닥사스다 왕 20년에 느헤미야가 수산궁에서 술 맡은 관원으로 섬기고 있을 때 예루살렘에서 온 사람들의 방문 소식을 들었습니다. 느헤미야는 그들을 찾아 다급하게 물었습니다. "지금 예루살렘 성의 형편이 어떻소?" 그러자 그들은 "말도 마시오. 성벽은 다 무너졌고, 성문은 불탔으며, 하나님의 성전은 이방인의 발에 밟혔고, 성물은 다 도둑질당했다오. 지금 말도 못할 상황이 이스라엘에서 벌어지고 있소"라고 말했습니다.

이 소식을 들은 느헤미야가 할 수 있는 일은 기도와 금식이었습니다. 4개월이 지나 하나님의 응답을 받았습니다. 하나님은 왕을 통해 느헤미야에게 예루살렘으로 돌아가 성벽을 건축하라는 명령을 내리게 하십니다. 이처럼 간절한 기도는 비전을 잉태합니다. 비전은 기도를 먹고 자랍니다. 비전이 있을 때 리더십이 생깁니다. 느헤미야의 비전은 무너진 성벽을 재건하는 것이었습니다.

그때부터 성벽이 재건될 때까지 사건이 드라마처럼 펼쳐집니다. 건축을 시작할 무렵은 걷기만 해도 땀이 나는 무더운 날씨였습니다. 성벽을 복구하는 데는 수많은 방해와 모략과 음모가 난무했습니다. 그런 상황에서도 이스라엘 백성이 52일 만에 성벽을 건축한 것입니다.

우리 마음속에 비전이 심어지면 못할 것이 없습니다. 불가능이

가능해지고, 성벽이 복구되고, 성전이 지어지고, 하나님의 교회가 부흥하게 됩니다. 비전이란 목숨을 거는 것입니다. 생명을 걸고 기도하고 금식하고 하나님께 나아갈 때 하나님이 우리를 도와주십니다. 그때 교회가 부흥하는 것입니다. 온누리교회도 창립 초기에는 몇 사람이 지하실에서 예배를 드리는 정도였습니다. 그런데 25년이 지난 지금 상암동 서울월드컵경기장을 빌려서 감사예배를 드렸을 때 4만여 명이 참석했습니다. 이렇게 만드는 것이 비전입니다.

하나님의 일에는 훤히 뚫린 대로가 열리지 않습니다. 항상 구불구불 골짜기와 깊은 바다와 도둑 떼가 출몰합니다. 이런 일을 겪으면서 하나님의 사람들은 단단해지기 시작합니다. 느헤미야는 고난이 닥칠 때마다 말 대신 기도를 했고, 사람들에게 하소연하기 전에 금식을 했습니다. 성벽을 재건한 뒤에는 에스라와 함께 말씀 부흥과 신앙 개혁을 이끌었습니다.

지금 한국 교회는 바람 앞에 촛불과 같고, 낭떠러지에 서 있는 것 같습니다. 이때 우리는 느헤미야가 성전을 건축한 사건을 통해 오늘을 사는 한국 교회가 당면한 문제에 대한 해답을 찾을 수 있습니다. 느헤미야의 개혁 정신은 말씀으로 돌아가는 것입니다. 각자 하나님의 부르심에 응답하고 세상을 바꾸기 위해 필요한 것이 바로 느헤미야의 전략입니다. 한국 교회의 사회적 영향력이 약화되고 있는 지금, 느헤미야의 정신, 그의 기도, 그의 비전, 그의 능력을 우리가 꼭 배워야 할 것입니다.

차례

1부

마음의 방향을 바꾸는 기도

느헤미야 1:1-2:20

느헤미야는 마음이 찢어지게 아팠고,
하루빨리 예루살렘으로 돌아가서
성을 건축하고 싶은 조바심이 있었습니다.
하지만 느헤미야는 하나님이 움직이시기 전까지
자신도 움직이지 않았습니다.

1

마음이 급할수록
기도하십시오

느헤미야 1:1-11

믿음과 실력을 겸비한 사람

느헤미야서에는 52일 동안에 일어난 놀라운 기적의 역사가 담겨 있습니다. 그 역사의 중심에는 비전과 기도의 사람인 느헤미야가 있었습니다. 느헤미야는 고통스러웠던 바벨론 포로 시절을 회상하면서 하나님의 은혜로 예루살렘으로 귀환합니다. 그는 귀환하기 전에 현실적인 문제를 바라봅니다. 성전이 훼파되고, 성문이 모두 불타 아주 엉망진창이 된 예루살렘을 보게 된 것입니다. 성벽이 무너진 것은 바벨론 포로 시절이었는데, 142년 동안 허물어진 상태로 남아 있었습니다. 하나님을 믿는 이스라엘 백성들은 아마도 하나님의 집이 불타고 그 안의 기물들이 도둑질당한 채 허물어져 있는 모습을 매일 보면서 가슴이 쓰라렸을 것입니다.

느헤미야가 성전 건축을 할 당시는 주전 440년이었는데, 지금으로부터 2,500년 전의 사건입니다. 이 사건을 통해 오늘을 사는 한국 교회가 당면한 문제에 대한 해답을 찾을 수 있습니다. 역사는 과거에도 있었고, 현재도 있고, 미래에도 있기 때문입니다.

하가랴의 아들 느헤미야의 말이라 아닥사스다 왕 제이십 년 기슬르월에 내가 수산궁에 있는데 내 형제들 가운데 하나인 하나니가 두어 사람과 함께 유다에서 내게 이르렀기로 내가 그 사로잡힘을 면하고 남아 있는 유다와 예루살렘 사람들의 형편을 물은즉(느 1:1-2).

느헤미야의 족보는 간단합니다. 하가랴의 아들이라는 것과 하나니가 그의 형제 혹은 동료라는 것이 전부입니다. 느헤미야는 유대인으로서 바벨론 포로 시절에 그의 할아버지가 포로로 잡힌 듯 보입니다. 그러니까 느헤미야는 할아버지와 아버지인 하가랴의 뒤를 이은, 요즘 말로 하면 이민 3세대에 해당됩니다. 이민 2세대만 해도 조국에 대해 잊어버리고 자기 나라 말이 서투릅니다. 그러다가 3세대로 넘어가면 완전히 조국과 멀어지게 됩니다.

그런 이민 3세대인 느헤미야가 포로로 잡혀가 페르시아 아닥사스다 왕의 술 맡은 관원이 되었습니다. 술 맡은 관원은 굉장히 중요한 직책으로 임금과 함께 음식을 나누는 관계입니다. 음식을 나누면서 말동무가 되는 관계입니다. 국정을 논하고, 여러 가지 자문을 해 주고, 소식을 전하는 사이가 아니면 술 관원이 될 수 없습니다. 느헤미야가 이민 3세대로서 그런 중요한 자리까지 올라간 것입니다. 다시 말해 그는 실력을 겸비한 사람이었고, 인격적으로 믿을 만한 사람이었으며, 왕의 마음에 아주 딱 드는 매력적인 사람이었습니다.

구약에서 그와 비슷한 사람이 있는데, 바로 요셉과 다니엘입니다. 요셉은 이국 나라 애굽의 총리까지 되어 국정을 다스립니다.

또한 다니엘은 바벨론의 느부갓네살 왕, 벨사살 왕, 다리오 왕, 이렇게 세 왕을 섬기면서 정권 서열 3위까지 올라갑니다. 어떻게 그럴 수 있었을까요? 그 나라 민족도 아니고, 포로로 잡혀 온 사람인데 오죽 탁월했으면 그 자리까지 올라갔겠습니까?

사실 실력만 강조하는 사람은 대개 믿음은 약하기 마련입니다. 세상에서 잘나가는 사람은 너무 바빠서 하나님을 믿을 시간이 없습니다. 또 믿음만 강조하는 사람은 실력이 없을 수 있습니다. 그냥 "주여 믿습니다"만 외칠 뿐 현실을 헤쳐 나가는 능력과 기술이 없는 것입니다. 이 세상을 변화시키는 사람은 실력도 있고, 국정도 다스리고, 나라도 다스리고, 기업도 다스리며, 하나님을 경외하는 사람입니다.

오직 하나님 앞에서 울다

느헤미야는 남다른 애국심이 있었습니다. 누구나 자신의 나라를 사랑하고, 잘되기를 바랍니다. 그러나 애국심과 정권욕은 다릅니다. 모든 사람들은 애국이라는 이름으로 권력을 갖길 원하고, 대통령이 되길 원하고, 국회의원이 되길 원하고, 장관이 되길 원하는데, 그 속을 가만히 들여다보면 애국심이 아닐 때가 참 많습니다. 자기 잇속을 챙기려는 엉뚱한 생각을 하는 사람이 많은 것입니다.

그러나 느헤미야는 바벨론 포로로 잡혀가 이민 3세대의 고통을 겪으면서도 자기 조국을 향한 애국심이 남달랐습니다. 느헤미야가 있던 수산궁은 이스라엘로부터 1,200킬로미터 떨어진 곳입니다. 그렇게 먼 곳이지만 느헤미야의 마음속에는 조국에 대한 뜨거운 사랑이 있었습니다. 성전이 다 무너지고, 성문이 불타고, 성벽이 다 훼파되어 수많은 사람들이 조롱하면서 그 곁을 지나갈 때 느헤미야의 마음은 괴로워서 견딜 수가 없었습니다.

그들이 내게 이르되 사로잡힘을 면하고 남아 있는 자들이 그 지방 거기에서 큰 환난을 당하고 능욕을 받으며 예루살렘 성은 허물어지고 성문들은 불탔다 하는지라(느 1:3).

말씀을 보면 포로로 잡혀가지 않고 예루살렘에 남은 자들도 기가 막힌 수모와 수치를 겪었음을 알게 됩니다. 그들이 고통당했다는 말에 느헤미야는 다음과 같은 반응을 보입니다.

내가 이 말을 듣고 앉아서 울고 수일 동안 슬퍼하며 하늘의 하나님 앞에 금식하며 기도하여(느 1:4).

눈물과 통곡은 하루아침에 나오는 것이 아닙니다. 지금 이 순간 아주 슬픈 이야기를 들었다고 해서 가슴이 찢어지는 통곡이 나오지는 않습니다. 오랫동안 마음속에 담아 두고 생각하고 묵상하고 사랑하고 그리워하며 애통하는 사람만이 통곡의 눈물을 흘릴 수 있습니다. 느헤미야는 며칠 동안 슬픔에 잠긴 채 금식하면서 하나님 앞에 기도했습니다.

요즈음 우리 시대를 가리켜 감격이 없는 메마른 시대라고 말합니다. 우리는 바쁜 시대를 살고 있습니다. 정신 나간 사람처럼 삽니다. 그저 현실에 얽매여 순간순간 고통 속에서 살아갑니다. 울일도 없고, 금식할 일도 없습니다. 며칠 밤을 새면서 통곡할 일도 별로 없습니다.

이렇게 눈물도 없고 통곡도 없는 감정이 메마른 시대에 사는 이유는 우리가 너무나 이기적이고 물질적이기 때문입니다. 잠시 슬픈 영화나 드라마를 보면서 눈물을 흘리는 정도입니다. 그렇게 우는 눈물은 허무감만 안겨 줍니다. 경쟁하고, 싸우고, 탐욕과 욕심에 얽매여 분노하고 미워하며 사는 것이 우리 삶의 현실입니다. 다시 말하면 도대체 내가 왜 사는지, 어떻게 살아야 하는지, 내 인생의 목적과 방향이 무엇인지 모른 채 산다는 것입니다.

느헤미야는 아마도 할아버지와 아버지로부터 조국에 대한 이야기를 귀에 못이 박히도록 들었을 것입니다. 주전 587년 바벨론에 의해 이스라엘이 망했을 때 성전이 무너지고 성벽이 훼파되고 성문이 불탄 비참했던 기억, 포로로 끌려와서 살았던 이야기들, 가정이 다 흩어지고 건강하고 젊은 여자들이 모두 끌려간 일, 쓸모없는 사람들만 남겨진 포로 생활의 기가 막힌 이야기를 부모로부터 들은 것입니다.

성전이 파괴된 이후에 이스라엘 포로들이 3차 귀환을 하는데, 1차 귀환할 때 성전을 재건하자는 운동이 있었습니다. 그러나 하나님의 일은 언제나 반대에 부딪히고 모함에 휘말립니다. 성전을 다시 재건하려는 이들을 모함하는 자들이 생기고 왕에게 편지를 써서 성전 건축을 중단시킵니다. 그리고 이스라엘 성벽과 성전이 무너진 지 14년이 넘었습니다. 그 사이 이방인들은 수없이 쳐들어왔고, 약탈을 했고, 성전과 성벽은 날이 갈수록 피폐해졌습니다.

이 소식을 들은 느헤미야의 마음이 어떠했겠습니까? 만약에 자기가 살고 있는 현실에만 만족했다면 그렇게 눈물 흘리며 통곡하지 않고, 금식도 하지 않았을 것입니다. 그러나 느헤미야의 마음속에는 하나님에 대한 생각, 조국에 대한 생각, 성전에 대한 생각으로 가득 차 있었기 때문에 그 소식을 듣자마자 주저앉아 목메어 울고, 슬퍼하고, 금식했던 것입니다.

짐작해 보건대 느헤미야는 페르시아 수산궁에서 술 맡은 관원이라는 고위직에 있으면서도 마음속으로는 이스라엘과 성전과 하나님 나라에 대한 생각들을 끊임없이 했을 것입니다. 밥 먹을 때나, 잠잘 때나, 높은 자리에 올라갈 때나 그 생각을 버려 본 적이 없는 사람이었습니다. 이것이 느헤미야의 비전이 됩니다.

하나님의 약점을 붙들고 매달리다

느헤미야는 조국을 향한 뜨거운 무언가가 솟아올랐습니다. 아마도 이것은 그 옛날 일제 치하 때 나라를 빼앗기고 이리저리 방황하면서 조국을 되찾기 위해 결의한 우리나라 독립운동가들의 마음과 비슷할 것입니다.

오늘날 우리나라의 불행은 데모하는 사람은 많고 이념은 있지만 진정한 애국은 보이지 않는다는 것입니다. 나라를 사랑한 나머지 정말 좋은 나라로 만들기 위해 피눈물 흘리고, 통곡을 하고, 금식하는 사람이 없다는 것입니다. 그래서 전쟁을 모르는 세대들은 심각하지 않습니다. 나하고 별로 상관이 없기 때문입니다. 그러나 전쟁을 겪은 세대들은 다릅니다. '다시는 공산화될 수 없다. 다시는 이 나라를 빼앗길 수 없다. 다시는 외세의 침략을 받을 수 없다'는 생각이 뼛속 깊이 있습니다.

이것이 애국심입니다. 느헤미야 역시 마찬가지였습니다. 오직 나라와 민족을 생각하던 그가 하나님의 성전과 웅장했던 성벽이 불타서 폐허가 된 소식을 들으며 가슴을 찢고 통곡하게 된 것입니다.

이때 비전의 사람 느헤미야는 기도했습니다. 느헤미야의 기도의 특징은 첫째, 문제가 생기면 사람을 찾지 않고 하나님 앞으로 나아갔다는 것입니다. 아닥사스다 왕이나 다른 힘 있는 사람을 찾아가지 않고 오직 하나님 앞에서 울었습니다. 그는 슬픔으로 통곡하며 하나님께 매달렸습니다. 우리는 어려운 문제가 생기면 마음이 급하여 자신을 도와줄 사람부터 찾게 됩니다. 그러나 느헤미야는 조급할수록 하나님께 기도했습니다.

쉽지 않은 일입니다. 우리는 당장 나를 도와줄 수 있는 사람을 찾아가야 문제가 빨리 해결된다고 생각합니다. 오히려 하나님 앞에 나아가는 것은 마지막에 선택합니다. 그분께 언제 응답이 올지 모르니 기다릴 여유가 없는 것입니다. 우리는 이 방법, 저 방법 다 써 보다가 결국 안 되면 제일 마지막에 하나님께 매달립니다. 우리는 늘 거꾸로 하고 있습니다.

둘째, 느헤미야는 기다리는 기도를 했습니다. 느헤미야 1장 1절의 말씀을 보면 "아닥사스다 왕 제이십 년 기슬르월에"라는 말이 나옵니다. 기슬르월은 11월에서 12월 정도를 의미합니다. 그러니까 느헤미야가 예루살렘의 소식을 들은 때가 11월에서 12월에 해당합니다. 그는 기도의 응답이 올 때까지 행동하지 않았습니다.

그러다가 2장 1절을 보면 "아닥사스다 왕 제이십 년 니산월에"라고 응답이 온 것을 알 수 있습니다. 니산월은 3월에서 4월을 의미합니다. 즉, 느헤미야는 11월쯤에 소식을 듣고 하나님 앞에 기도하기 시작하여 4개월이 지난 후 응답을 받은 것입니다. 하나님의 응답은 즉시 오지 않았습니다. 4개월이 지나서 왔습니다. 하나님의 응답은 4개월이 지나서 올 수도 있고, 40개월이 지나서 올 수도 있습니다.

셋째, 느헤미야는 하나님의 성품에 맞게 묵상했습니다.

이르되 하늘의 하나님 여호와 크고 두려우신 하나님이여 주를 사랑
하고 주의 계명을 지키는 자에게 언약을 지키시며 긍휼을 베푸시는
주여 간구하나이다(느 1:5).

느헤미야가 기도할 때 우리와 다른 점은 하나님의 능력과 위대
하심과 하나님이 창조주이심을 먼저 선포했다는 것입니다. 우리
는 너무 조급해서 내 이야기부터 꺼내고 봅니다. 하지만 느헤미야
는 그러지 않았습니다. "하늘의 하나님 여호와"라는 말은 창조주
하나님, 크고 두려우신 하나님, 능력 있는 하나님이라는 뜻입니다.
"언약을 지키시며"는 하나님의 신실함을 믿는 기도입니다.
  넷째, 느헤미야는 죄를 고백하는 기도를 했습니다.

이제 종이 주의 종들인 이스라엘 자손을 위하여 주야로 기도하오며
우리 이스라엘 자손이 주께 범죄한 죄들을 자복하오니 주는 귀를
기울이시며 눈을 여시사 종의 기도를 들으시옵소서 나와 내 아버지
의 집이 범죄하여(느 1:6).

우리는 급한 상황에 처하면 그 상황만 이야기하지 정작 자신을
돌아보지는 않습니다. 내가 무엇을 잘못했는지, 왜 이런 고난에 처
하게 됐는지, 그 원인은 무엇인지 하나님 앞에서 찾으려 하지 않습
니다. 그러나 느헤미야는 달랐습니다. 그는 자신과 자신의 조상이

저지른 죄악을 회개했습니다.

> 주를 향하여 크게 악을 행하여 주께서 주의 종 모세에게 명령하신
> 계명과 율례와 규례를 지키지 아니하였나이다(느 1:7).

느헤미야가 회개한 죄는 크게 두 가지였습니다. 하나는 조상의
불순종입니다. 지금의 내 문제가 아니라 조상들의 죄를 회개합니
다. 또 하나는 모세에게 주신 계명과 율례와 규례를 지키지 않은
죄를 고백합니다.

여기서 우리는 현실적으로 우리가 당하는 문제들이 조상들의
죄 때문일 수 있는데, 그것을 위해 우리가 대신 중보기도를 해야
한다는 점을 깨달아야 합니다. 우리 조상의 죄를 용서해 달라고 해
야 하는 것입니다. 우리 조상의 죄는 우리의 죄이기도 합니다.

다섯째, 느헤미야는 하나님의 약속을 회상하는 기도를 했습니
다.

> 옛적에 주께서 주의 종 모세에게 명령하여 이르시되 만일 너희가
> 범죄하면 내가 너희를 여러 나라 가운데에 흩을 것이요 만일 내게
> 로 돌아와 내 계명을 지켜 행하면 너희 쫓긴 자가 하늘 끝에 있을지
> 라도 내가 거기서부터 그들을 모아 내 이름을 두려고 택한 곳에 돌
> 아오게 하리라 하신 말씀을 이제 청하건대 기억하옵소서(느 1:8-9).

여기에 나타난 느헤미야의 기도의 요점은 무엇일까요? 우리 조상의 죄악, 그리고 우리의 죄악 때문에 바벨론 포로로 잡혀가고 70년 동안 죽을 고생을 했는데 이제라도 순종하고 회개하면 하나님이 하늘 끝에 있을지라도 불러 모아 주시겠다는 약속을 말하고 있습니다. 즉, 느헤미야는 그 약속을 믿고 의지하며 하나님 앞에 나아간 것입니다.

하나님께는 한 가지 약점이 있습니다. 그것은 우리를 사랑하신다는 사실입니다. 그 약점을 붙들고 하나님께 살려 달라고 매달리면 구원해 주시는 분입니다. 그러니 하나님의 사랑을 기억하고 그것을 꼭 붙드십시오. 매를 좀 맞더라도 불순종하면 흩어지고 순종하면 다시 모아 주신다는 하나님의 말씀을 붙들고 기도한 느헤미야처럼 기도해야 합니다.

여섯째, 느헤미야는 떼를 쓰는 기도를 했습니다.

> 이들은 주께서 일찍이 큰 권능과 강한 손으로 구속하신 주의 종들이요 주의 백성이니이다(느 1:10).

느헤미야는 하나님의 사랑과 긍휼을 끌어내기 위한 기도를 드리고 있습니다. 지금 포로로 잡혀가 흩어지고 수모를 당하는 사람들이 하나님의 백성임을 강조하는 것입니다. 우리는 자식이 아무리 큰 잘못을 해도 회개하고 돌아오면 그 죄를 묻지 않고 받아 줌니다. 그런 부모의 심정처럼 하나님의 마음도 똑같습니다. 아무리 미운 짓을 해도 하나님의 백성은 자식과도 같습니다. 느헤미야는 그런 하나님을 알기에 떼를 쓰며 기도하고 있습니다. 어떤 의미에서는 떼를 쓰는 기도가 좋습니다.

"하나님, 우리를 버리지 마시고 약속대로 거두어 주십시오. 제가 이렇게 기도하지 않습니까? 제가 이렇게 간절히 사모하지 않습니까? 우리 조상의 죄도 있고, 저의 죄도 있고, 허물도 있고, 지금까지 잘못 살아온 것도 있지만, 그것을 보지 마시고 우리를 긍휼히 여겨 주옵소서"라고 기도하는 것입니다.

일곱째, 느헤미야는 주의 은혜를 구하는 기도를 했습니다.

주여 구하오니 귀를 기울이사 종의 기도와 주의 이름을 경외하기를 기뻐하는 종들의 기도를 들으시고 오늘 종이 형통하여 이 사람 앞에서 은혜를 입게 하옵소서 하였나니 그때에 내가 왕의 술 관원이 되었느니라(느 1:11).

느헤미야는 기도하며 주의 은혜를 요구했습니다. '안 들어주셔도 그만' 하는 기도가 아니라, 목숨을 걸고 기도한 것입니다. "주여, 지나간 죄를 다 회개하오니 살려 주시옵소서. 은혜를 베풀어 주시옵소서" 하는 기도를 4개월 동안 했습니다. 그리고 왕에게 술을 따라 올리는 사람이 되었습니다. 느헤미야가 이 사실을 밝힌 이유는 "왕의 마음을 바꿔 주십시오. 왕의 마음을 변화시켜 주셔서 저로 하여금 이스라엘로 돌아가 성벽을 다시 쌓을 수 있도록 도와 주십시오"라는 의미입니다.

오늘을 사는 우리도 사회생활이나 인간관계에서 힘든 것이 있으면 그 사람과 싸울 필요 없이 하나님께 맡기면 됩니다. 하나님을 붙들고 기도하면, 하나님이 그 사람을 변화시키실 것입니다.

느헤미야는 4개월 동안 기도하면서 술 따르는 관원이 되었습니다. 그리하여 왕과 가까운 사이가 되고 성전 건축의 기회를 얻게 됩니다. 오늘날 우리는 이런 느헤미야에게 두 가지를 배웁니다. 하나는 나라를 사랑하고 하나님을 사랑하고 훼파된 성벽과 불탄 성문을 회복시키고자 하는 열정입니다. 그는 이를 위해 목숨을 걸고 기도했습니다. 또 다른 하나는 느헤미야가 비전의 사람이면서 동시에 그 비전을 기도로 승화시킨 사람이라는 것입니다. 우리는 조급할수록 하나님께 기도해야 합니다. 급한 만큼 목숨을 걸고 기도하십시오. 그때 우리가 살고, 우리의 가정이 살고, 우리나라가 살 것입니다.

2

하나님의 시간을
기다립니다

느헤미야 2:1-8

하나님의 시간에 하나님의 방법으로

사람들은 기도할 때 자신이 원하는 시간, 자신이 원하는 방법으로 하나님이 응답해 주시기를 원합니다. 우리 마음대로 하나님을 조정하려는 것입니다. 그러나 하나님은 우리 인간들의 조정을 받을 분이 아니십니다. 하나님은 기도 응답을 해 주실 때 하나님의 때에 하나님의 방법으로 하십니다. 하나님의 기도 응답에는 여러 가지가 있습니다.

첫째, 기도하자마자 즉시 응답해 주시는 경우입니다. 이때는 정말 신이 나고 기쁩니다. 나의 문제가 한 방에 해결되는 것 같아 속이 시원합니다.

둘째, 기도 응답을 아무리 기다려도 일정한 때가 되어야 이루어지는 경우입니다. 하나님은 아브라함에게 75세 때 약속의 씨를 주시겠다고 말씀하셨습니다. 그리고 이삭이 태어나기까지 25년이라는 세월이 걸렸습니다. 어느 누가 25년을 기다리며 기도할 수 있겠습니까?

또한 하나님은 이스라엘 백성들이 애굽에서 고생할 때 출애굽을 시키셨습니다. 그들은 즉시 홍해를 건너 약속의 땅 가나안으로 들어갈 줄 알았을 것입니다. 그런데 이게 웬일입니까? 광야에서

40년을 뱅뱅 돌았습니다. 40년이 지나서야 하나님이 이스라엘 백성을 가나안 땅으로 인도하신 것입니다.

여기에는 나름의 이유가 있습니다. 아브라함은 25년 동안 기다림의 훈련을 시키셨고, 이스라엘 백성들은 광야에서 40년 동안 방황하며 순종과 온유함을 깨우치게 하셨습니다. 하나님은 못된 성격이 순종하는 성격, 온유한 성격이 될 때까지 계속 돌리십니다.

셋째, 아무리 기도해도 죽을 때까지 기도 응답이 없는 경우입니다. 어쩌면 나의 다음 세대에 기도 응답이 될 수도 있겠지만, 아무튼 현재를 사는 동안에는 기도 응답이 없는 것입니다.

그렇다면 기도의 사람 느헤미야는 기도 응답을 어떻게 받았습니까? 놀랍게도 그는 기도하고, 주저앉고, 눈물 흘리고, 통곡한 지 4개월 만에 기도 응답을 받았습니다.

하나님보다 앞서지 않는 지혜

아닥사스다 왕 제이십 년 니산월에 왕 앞에 포도주가 있기로 내가 그 포도주를 왕에게 드렸는데 이전에는 내가 왕 앞에서 수심이 없었더니 왕이 내게 이르시되 네가 병이 없거늘 어찌하여 얼굴에 수심이 있느냐 이는 필연 네 마음에 근심이 있음이로다 하더라 그때에 내가 크게 두려워하여 왕께 대답하되 왕은 만세수를 하옵소서 내 조상들의 묘실이 있는 성읍이 이제까지 황폐하고 성문이 불탔사오니 내가 어찌 얼굴에 수심이 없사오리이까 하니(느 2:1-3).

이 말씀 가운데는 하나님의 응답의 표증이 많이 나타나 있습니다. 어떤 사람은 어떻게 이것이 기도 응답이냐고 할 수 있겠지만, 하나님의 사람이라면 '하나님이 움직이기 시작하셨구나'를 느끼게 됩니다. 느헤미야는 마음이 찢어지게 아팠고, 하루빨리 예루살렘으로 돌아가서 성을 건축하고 싶은 조바심이 있었습니다. 하지만 느헤미야는 결코 하나님이 움직이시기 전까지 자신도 움직이지 않았습니다. 이는 말처럼 쉬운 일이 아닙니다.

잘 참다가 상황이 힘들어지면 힘 있는 사람을 찾아가 도움을 청하고 싶은 유혹이 생깁니다. 그러나 느헤미야는 하나님이 움직인다는 사인을 보이시기 전에는 움직이지 않았습니다. 이것이 기도의 사람입니다. 새벽기도 나오고, 철야기도 한다고 해서 만사가 해결되는 것이 아닙니다. 기도의 겉모습이 화려해도 기도의 핵심이 없다면 아무 소용없는 것입니다.

어떤 사람들은 기도 응답을 자신이 만듭니다. 하지만 느헤미야는 진짜 기도의 사람이었습니다. 눈물과 통곡과 금식기도를 한 그는 인간의 힘에 의지하지 않았습니다. 2장 1절 말씀을 우리말성경으로 보면 "아닥사스다 왕 20년 니산월에 나는 왕에게 술을 따르는 일을 맡았기에"라고 되어 있습니다. 느헤미야가 왕에게 술 따르는 일을 기도하기 전부터 맡았는지, 기도한 이후에 맡았는지 모르지만 문맥상으로는 최근에 맡게 된 것임을 알 수 있습니다. 이처럼 자신의 위치에서 이동하게 될 때는 이것이 하나님의 인도하심인지, 자신이 좋아서 자기 이익을 따라 움직이는 것인지 잘 살펴봐야 합니다.

그 당시 술 따르는 자는 단순히 술을 먼저 먹어 보고 독이 없으면 왕에게 드리는 역할이 아닙니다. 술과 음식을 먹을 때 왕의 말 상대가 되는 자리입니다. 그러기에 술 관원이 되면 자연스럽게 국정을 논하게 되고 나라의 중요한 정보를 알게 됩니다. 이처럼 술 관원은 그 당시 굉장히 중요한 직책이었습니다. 이것이 하나님이 느헤미야를 위해 만드신 환경입니다. 그가 만약 술 따르는 관원이 되지 않았다면 어떻게 왕과 이야기할 기회를 얻을 수 있었겠습니까?

느헤미야는 왕에게 술을 따르면서 자신이 먼저 말을 꺼내지 않았습니다. 왕이 느헤미야의 얼굴을 보고 슬픈 기색이 있는 것을 발견하여 그 이유를 물었습니다. 아무래도 마음속에 가지고 있는 생각이 얼굴을 통해 드러나게 마련입니다. 어떤 사람은 행동하고 싶지만 참고, 말하고 싶은데 참고, 소리 지르고 싶은데 참는 사람이 있습니다. 느헤미야가 그런 사람이었습니다.

사람의 얼굴에는 영성이 그대로 나타나 있습니다. 어떤 설교자나 성도들을 보면 똑똑하고 아는 것은 많은데 그 얼굴에 기도하는 모습이 없습니다. 이런 사람들은 말이 많고, 영적으로 고갈되어 있습니다. 또 어떤 사람은 열정이 있고, 교회 사역은 열심히 하고, 능력도 있는데 겸손하지 못합니다. 열정은 많은데 자기가 하는 일을 알리고자 하는 사람은 주로 과장된 행동을 잘합니다. 자기 수준을 자꾸 넘어서려는 것입니다. 또 어떤 사람은 기다리지 못하고 조급증에 걸려 있습니다. 이런 사람일수록 일을 앞질러 행하고 말도 앞질러 하고 때를 분별하지 못합니다. 그들은 한마디로 지혜가 없는 사람들입니다.

얼굴색이 좋지 않은 느헤미야를 보고 왕이 먼저 무슨 문제가 있는지 물어 옵니다. 그런데 느헤미야는 계속해서 수동적으로 나아갑니다. 느헤미야는 기슬르월에 고국의 슬픈 소식을 듣고 니산월이 될 때까지 4개월 동안 통곡과 눈물로 기도하며 슬픈 기색을 띠고 살았습니다. 그는 누구에겐가 말하고 싶고 도움을 청하고 싶었지만 계속 참았습니다. 왕이 지척에 있는데도 하나님이 움직이실 때까지 참고 또 참았습니다. 조바심이 나도 참고 인내하면 하나님이 움직여 주십니다. 하나님은 느헤미야의 기도를 다 들으시고 필요한 때 움직이기 시작하셨습니다.

여기서 우리는 느헤미야가 지혜롭고, 용기 있고, 준비된 사람이라는 것을 알 수 있습니다.

하나님이 세우신 리더십

왕이 내게 이르시되 그러면 네가 무엇을 원하느냐 하시기로 내가 곧 하늘의 하나님께 묵도하고 왕에게 아뢰되 왕이 만일 좋게 여기시고 종이 왕의 목전에서 은혜를 얻었사오면 나를 유다 땅 나의 조상들의 묘실이 있는 성읍에 보내어 그 성을 건축하게 하옵소서 하였는데(느 2:4-5).

이제는 느헤미야가 급한 것이 아니라 왕이 조급해졌습니다. 왕이 궁금하여 자꾸만 물어 봅니다. "너의 얼굴색이 이상하구나. 정녕 네 마음에 고민이 있는 것이다. 당장 이야기해 보거라" 하고 말하는 것입니다. 그때 느헤미야가 주저하지 않고 용기를 내어 말합니다. 용기란 이럴 때 필요한 것입니다. 우리는 용기 내지 말아야 할 때 용기 내고, 용기를 내야 할 때 비겁하게 숨어 버립니다. 느헤미야는 비록 왕의 앞이지만 평소에 기도하면서 준비를 많이 했기에 두려워하지 않고 왕의 질문에 예루살렘으로 돌아가길 원한다고 거침없이 대답합니다.

준비된 사람은 언제 어느 때나 대답할 수 있는 사람입니다. 준비된 사람은 용기가 있는 사람입니다. 모든 준비가 되어 있기 때문에 서슴지 않습니다. 침묵할 때도 있지만 때가 되면 용기 있게 말합니다.

느헤미야의 주문은 엄청난 것이었습니다. 왜냐하면 아닥사스다 왕이 14년 전에 거절한 것이기 때문입니다. 사람들이 성을 재건축한다고 모함한 편지를 보고 "멈춰라! 이건 반란이다"라고 명령한 것입니다. 그런데 왕이 자신의 말을 번복한다는 것은 결코 쉬운 결정이 아닙니다. 따라서 느헤미야의 요청은 왕에게는 매우 곤란한 것이었습니다.

"나를 유다 땅 나의 조상들의 묘실이 있는 성읍에 보내어 그 성을 건축하게 하옵소서"라는 말씀 안에서 우리는 느헤미야의 비전과 리더십을 보게 됩니다. 금식하면서 깊이 기도하면, 목메어 기도하면, 죽을 정도로 기도하면 비전이 생깁니다. 비전은 책을 읽어 생기는 것이 아닙니다. 생각한다고 저절로 생기지도 않습니다. 비전은 피가 되고 살이 되어야 생기는 것입니다.

기도를 많이 한 사람은 자기도 모르게 평생 이루어야 할 사명을 발견하게 됩니다. 우리는 '내가 평생 이 직장에서 일을 할 것인가? 내가 평생 이 일에 헌신할 것인가?' 하고 더 고민하고 생각해 봐야 합니다. 많은 사람들이 직장을 옮기고 여러 사업에 도전하는 것은 비전을 찾기 위해서입니다. 비전은 기도를 먹고 자랍니다. 비전이 있을 때 리더십이 생깁니다.

느헤미야를 통해 우리는 하나님께 나아가 기도하는 리더십, 침묵하고 기다리는 리더십, 지혜롭고 용기 있게 준비된 리더십을 발견할 수 있습니다. 세상에는 자기가 스스로 잘났다고 생각하는 리더, 다른 사람과 함께 만들어 가는 리더 등 여러 유형의 리더들이 있습니다. 그런데 여기서 가장 중요한 리더십은 하나님이 세우신 리더십입니다. 느헤미야의 경우는 하나님이 세우신 리더였습니다. 왕은 이러한 담대하고 솔직하고 진실한 느헤미야의 요구를 허락해 주지 않을 수 없었습니다.

날마다 성전 재건을 생각하다

> 그때에 왕후도 왕 곁에 앉아 있었더라 왕이 내게 이르시되 네가 몇 날에 다녀올 길이며 어느 때에 돌아오겠느냐 하고 왕이 나를 보내기를 좋게 여기시기로 내가 기한을 정하고(느 2:6).

왕과 왕비가 있었다는 것은 공식 석상이라는 뜻입니다. 여러 사람들이 모인 공식 석상에서 왕이 이야기를 합니다. "얼마나 시간이 걸리겠느냐? 언제쯤 돌아오겠느냐?"라는 질문은 왕이 이미 느헤미야를 보내기로 결정했다는 의미입니다. 느헤미야는 언제 떠나서 언제 돌아오겠다고 거침없이 말합니다. 이는 준비된 사람만이 할 수 있습니다. 준비되지 않은 사람은 왕의 질문에 즉시 대답하지 못하고 우물쭈물할 것입니다.

그렇다면 느헤미야의 비전은 무엇이었을까요? 바로 성전을 재건축하는 것이었습니다. 무너진 성전, 하나님의 이름이 땅에 떨어진 상황을 그냥 두고 볼 수 없었습니다. 느헤미야는 왕에게 돈이나 권력을 요구하지 않았습니다. 그저 고국 땅으로 돌아가 무너진 성전과 성벽을 다시 고치게 해 달라고 했습니다.

> 내가 또 왕에게 아뢰되 왕이 만일 좋게 여기시거든 강 서쪽 총독들에게 내리시는 조서를 내게 주사 그들이 나를 용납하여 유다에 들어가기까지 통과하게 하시고(느 2:7).

느헤미야의 마음속에는 이미 계획이 딱 서 있었습니다. 왕이 허락하면 그다음에 무엇을 할지, 또 성전을 건축하게 되면 단계별로 무엇을 해야 할지 일의 순서를 생각해 두고 있었던 것입니다. 이렇듯 비전이 있는 사람은 무슨 일이든 철저한 계획을 세우고 그것에 대해서 매일 생각합니다.

제가 병원에서 하루에 4시간씩 투석할 때마다 교회 생각을 했습니다. '어떻게 하면 우리 교회가 새로워질 수 있을까? 식어 가는 열정을 어떻게 되살릴까?'를 곱씹어 생각했습니다. 그렇게 자꾸 생각하자 구체적인 그림이 그려졌습니다.

느헤미야는 빈틈없는 사람이었습니다. 오래 기도한 사람만이 준비된 사람입니다. 준비된 사람은 기회가 닿을 때 횡설수설하지 않습니다. 그는 일목요연하게 왕에게 두려움 없이 자신의 비전을 이야기했습니다. 성전을 재건할 수 있다면 어떻게 일할 것인가, 순서는 어떻게 잡을 것인가를 미리 생각해 두었습니다. 닥치면 하는 것이 아니라 오랫동안 곱씹어 묵상하고 기도하고 생각했던 것입니다.

내 머리 위에 있는 은혜의 손길

또 왕의 삼림 감독 아삽에게 조서를 내리사 그가 성전에 속한 영문의 문과 성곽과 내가 들어갈 집을 위하여 들보로 쓸 재목을 내게 주게 하옵소서 하매 내 하나님의 선한 손이 나를 도우시므로 왕이 허락하고(느 2:8).

느헤미야의 요구를 들어보십시오. 누구도 설득할 수 있는 분명한 요구를 지혜롭게 합니다. 더 중요한 것은 성전을 재건축할 수 있는 공이 자기 자신에게 있거나 아닥사스다 왕에게 있는 것이 아니라 전적으로 하나님의 은혜라고 말했다는 사실입니다. 우리는 조금만 잘났다고 여기면 모든 공을 하나님이 아닌 나 자신에게 돌립니다. 스스로 교만해지는 것입니다.

저는 지난 25년 동안 목회를 하면서 제일 먼저 선교에 목숨을 걸었습니다. 복음 중심의 교회, 성령 중심의 교회, 선교 중심의 교회가 모토였습니다. 25년 동안 벌써 1,000명이 넘는 선교사를 파송했습니다. 앞으로도 1,000명을 더 파송할 것입니다.

또한 저는 청년에 대한 비전이 있었습니다. 그래서 "하나님, 제가 열두 가정으로 교회를 시작하는데, 장차 우리 교회 청년들이 2,000명이 되게 해 주십시오. 그러면 세계를 당신 앞에 드리겠습니다"라고 기도했습니다. 그러자 어느 날 청년들이 메뚜기처럼 모였습니다. 감당할 수 없게 청년들이 모여들었습니다.

지금 우리 교회는 대학 청년부 학생들이 주일날 8,000명 가까이 모입니다. 제가 가끔 설교하러 올라가다가 청년들이 우르르 떼 지어 오는 것을 보면 깜짝 놀랍니다. 그 청년들이 제 설교가 좋아서 온 것일까요? 교회 건물이 멋있어서 온 것일까요? 아닙니다. 모두 하나님이 주신 비전 때문에 온 것입니다. 목숨을 바쳐 비전을 이루러 온 것입니다. 이러한 부분에서 하나님의 은혜의 손길을 느낍니다.

저는 선교하다 순교하신 김사무엘 목사님을 늘 생각합니다. 그분은 일본에서 목회를 잘하시다가 북한 선교를 위해 서울에 오셨습니다. 그런데 그때 이라크에서 전쟁이 터져서 이라크로 보내 달라고 하셨습니다. 한창 전쟁 중일 때 김사무엘 목사님을 비롯한 청년들이 모두 유서까지 쓰고 그 땅에 들어갔습니다.

김 목사님은 전쟁 중에 교회와 선교센터를 세웠습니다. 그러다가 어느 날 허리가 아파서 검사를 해 보니 백혈암이었습니다. 그래서 한 달 만에 돌아가셨습니다. 저는 아직도 그분이 하신 말씀을 기억합니다. 미국에서 수술을 받고 눈을 뜨니까 워싱턴이 보이는 게 아니고 바그다드가 보였다는 것입니다. 그것이 그분의 비전이 었습니다. 이런 사람은 세상이 감당하지 못합니다. 이런 사람의 비전을 세상이 막지 못합니다.

모든 사람에게 하나님의 은혜가 임합니다. 그러나 중요한 것은 그 은혜의 손길이 내 위에 있다는 확신을 가지는 것입니다(8절). 느헤미야는 하나님의 선한 손이 자신을 돕고 있다는 것을 확신했습니다.

오늘날 우리의 문제점은 믿음이 없는 것이 아니라 믿음의 확신이 없는 것입니다. 미래가 안 보이는 것이 아니라 미래를 현재처럼 보는 눈이 없는 것입니다. 그래서 현재에 일어나고 있는 모든 사건에 대해 일희일비합니다. 우리에게 필요한 것이 무엇입니까? "하나님의 은혜의 손길이 내 머리 위에 있다!"라는 확신입니다.

인생의 미래에 대한 비전이 있습니까? 하나님의 은혜의 손길이 우리에게 있다는 사실을 의심하지 않고 믿을 수 있습니까? 가진 것이 아무것도 없지만 하나님이 나에게 비전을 주셨다면 하나님의 은혜의 손길이 내 머리 위에 있다는 확신을 가져야 합니다.

우리는 예수님을 믿음으로 하나님의 자녀가 되었습니다. 우리는 이미 믿음으로 구원받아 사망에서 생명으로 옮겨졌습니다. 우리는 의롭게 되었습니다. 믿음으로 인해 모든 가난과 저주가 인생에서 물러갔습니다.

우리는 십자가의 보혈로 치유되었습니다. 우리는 인간적인 정욕을 십자가에 못 박았습니다. 우리의 자아는 죽었습니다. 우리는 분명히 천국에 갈 것입니다. 우리가 하는 일에는 하나님의 은혜의 손길이 있습니다.

이런 믿음과 고백이 있을 때 잠깐 치는 파도도 파도로 느껴지지 않습니다. 잠깐 부는 태풍도 태풍이 아닙니다. 이 확신은 믿음을 가져오고 믿음은 비전을 만듭니다. 이러한 확신과 믿음이 있을 때 기적이 일어납니다.

이제부터 느헤미야의 앞길에는 불가능의 벽을 넘고 원수의 모함을 넘어서 기적같이 하나님의 능력이 나타나게 됩니다. 이러한 느헤미야의 믿음이 불같이 우리 마음에도 옮겨지길 바랍니다.

저도 아픈 몸으로 목회하면서 여러 시련과 고난이 있었습니다. 그럼에도 불구하고 여기까지 올 수 있었던 것은 전부 하나님의 은혜 덕분입니다. 하나님의 은혜의 손길이 있었기 때문에 죽지 않고 여기까지 살아온 것입니다.

25년 전 교회를 시작할 때와 지금을 비교하면 환경이 너무나도 많이 변했습니다. 그러나 비전은 변하지 않습니다. 느헤미야가 성전을 재건하는 비전을 가진 것처럼 우리의 비전은 변하지 않습니다. 비록 세상의 환경이 변할지라도 우리의 비전은 더 강렬하게 빛날 것입니다.

3

하나님의
비전이 보입니다

느헤미야 2:9-20

하나님의 일을 시작할 때 일어나는 일들

드디어 느헤미야가 비전을 선포합니다. 느헤미야에게 비전이란 '일어나 성벽을 재건하자'는 것입니다. 집을 짓는 것 자체가 비전이라기보다는 집을 지음으로써 하나님께 영광을 올리고 그동안 받았던 수치를 벗어 버리는 것이 비전입니다. 이것이 느헤미야에게 성벽을 재건하는 것으로 표현된 것입니다.

> 군대 장관과 마병을 보내어 나와 함께하게 하시기로 내가 강 서쪽에 있는 총독들에게 이르러 왕의 조서를 전하였더니(느 2:9).

하나님의 응답은 언제나 풍성합니다. 시편 23편 5절을 보면 "내 잔이 넘치나이다"라고 고백한 것을 보게 됩니다. 하나님은 언제나 플러스 알파를 주십니다. 내가 원하는 것보다, 내가 기도한 것보다 더 완벽하고 풍성하게 응답해 주십니다.

왕은 느헤미야를 보낼 때 군대 장병과 기마병까지 함께 보냈습니다. 느헤미야는 그렇게까지 요구하지는 않았습니다. 자신은 생각도 못한 일입니다. 우리가 이 세상을 살아갈 때 하나님을 의지하고 살면 반드시 넉넉히 이기고, 우리의 잔이 채워져 넘칠 것입니다.

드디어 느헤미야의 비전이 시작되었습니다. 일이 탄탄대로로만 성사되지 않았습니다. 비전이 이루어지는 과정에는 반드시 반대 세력과 방해 세력이 기다리고 있습니다. 우리는 이것을 넘어서야 합니다. 이것을 통과해야 합니다. 그래야 비전이 이루어집니다.

> 호론 사람 산발랏과 종이었던 암몬 사람 도비야가 이스라엘 자손을 흥왕하게 하려는 사람이 왔다 함을 듣고 심히 근심하더라(느 2:10).

좋은 일을 하고 위대한 비전을 가졌다고 해서 모든 사람들이 박수쳐 주지는 않습니다. 이때 좋은 일을 하는 사람은 "내가 이렇게 좋은 일을 하고 당신들에게 유익을 주는데 어째서 나에게 화를 내고 반대하고 비판을 하는가?"라고 불만을 토로할 수 있습니다.

심기가 불편해지는 사람들에게는 몇 가지 이유가 있습니다. 먼저 자신과의 이해관계가 얽혀 있습니다. 그래서 일의 옳고 그름은 중요하지 않고 자신이 손해 볼 일이면 반대를 하고 나서는 것입니다. 경쟁에서 뒤지고 수모를 당했을 때 분노가 생깁니다. 자신의 자존심이 걸린 문제이므로 그 사람이 하는 일이라면 도시락을 싸들고 따라다니면서 말립니다. 심기가 불편해서, 그 사람이 잘되는 것이 싫어서, 그 사람한테 졌다는 것이 너무나 자존심이 상해서 그럴 수 있습니다. 또한 과거에 원한이 있으면 반대합니다. 그렇기 때문에 옳은 일이어도 반대할 수 있습니다.

느헤미야는 이 모든 것을 예상하고 있었습니다. 영적인 사람은 비전을 수행해 나갈 때 어떤 단계에서 위기가 오는지를 예측합니다. 그리고 그것을 영적으로 대비합니다. 반대하는 자들, 심기가 불편한 자들은 어떤 사람들입니까? 바로 사마리아 사람들이었습니다. 사마리아 사람들과 유대인들은 오랫동안 앙숙 관계에 있었습니다. 종교적, 사회적, 민족적으로 서로 깊은 상처를 주고받은 관계였습니다. 느헤미야가 불탄 성문과 훼파된 성벽을 재건하려고 돌아왔다는 이야기를 듣는 순간 사마리아 사람들은 자신들의 권리가 침해당하고 자기 지배권이 축소당할까 봐 몹시 두려워했습니다. 그래서 악의적인 생각을 품게 됩니다.

이때 느헤미야는 적대적인 사람들을 어떻게 헤쳐 나갑니까? 성경 본문을 보면 몇 가지 사실을 발견할 수 있습니다. 이 말씀을 접한 우리는 인생에서 본의 아니게 오해를 받고 모함을 당하고 상처를 받았을 때, 우리를 대적하는 사람들을 이겨 나가는 원리를 배우게 됩니다.

침묵할 때를 아는 지혜

느헤미야는 기도의 사람이었습니다. 자기를 반대하는 사람들이나 불편하게 하는 사람들과 싸우거나 그들을 자극하지 않았습니다.

내가 예루살렘에 이르러 머무른 지 사흘 만에 내 하나님께서 예루살렘을 위해 무엇을 할 것인지 내 마음에 주신 것을 내가 아무에게도 말하지 아니하고 밤에 일어나 몇몇 사람과 함께 나갈새 내가 탄 짐승 외에는 다른 짐승이 없더라(느 2:11-12).

느헤미야는 예루살렘에 도착해서 먼저 삼일 동안 가만히 있었습니다. 이것은 매우 지혜로운 처신이었습니다. 먼저 정보를 수집하고, 상황을 파악하기 전에는 행동하지 않았던 것입니다. 그러면 그는 삼일 동안 무엇을 했을까요? 아마도 '어떻게 하면 이 위기를 잘 넘길 수 있을까?' 고민하며 기도와 묵상과 금식을 했을 것입니다.

그러던 중 느헤미야는 삼일이 지난 밤중에 몇 사람을 데리고 순찰을 나가야겠다는 생각을 했습니다. 이때 그는 자신의 생각에 대해 어느 누구에게도 말하지 않고 침묵했습니다. 우리는 조그만 아이디어가 생겨도 기가 막힌 영감이라고 쉽게 말합니다. 그러나 느헤미야는 그렇게 하지 않았습니다. 사람들에게 설명도 하지 않고, 중무장도 하지 않고, 화려한 행차도 하지 않았습니다. 낮에 순찰한 것도 아니고 캄캄한 밤에 몇 사람을 데리고 예루살렘 성벽을 시찰했습니다.

여기서 우리는 느헤미야의 지혜와 침묵을 배워야 합니다. 느헤미야는 자신이 타고 갈 말 외에는 아무것도 동행하지 않았습니다. 우리는 대부분 말을 함부로 해서 화를 부를 때가 참 많습니다. 과장된 말이나 거짓말, 불필요한 말을 해서 일을 그르치기도 합니다. 하지만 느헤미야는 자기가 시찰하는 것을 동료들이나 행정관들에게 말하지 않습니다.

드디어 느헤미야는 한밤중에 직접 정찰을 나갑니다. 여기서 우리는 느헤미야의 불굴의 용기를 엿보게 됩니다. 성벽의 길이는 2.4-4킬로미터 정도 되는 굉장한 크기였고, 파괴의 정도는 아주 심각했습니다. 성벽을 쌓았던 돌들은 무너지고 굴러서 골짜기로 다 내려가 있었습니다. 이스라엘을 방문해 보면 알겠지만 성벽의 돌들이 어마어마하게 큽니다. 이것들이 다 골짜기에 파묻힌 것입니다.

그 큰 돌을 다시 굴려서 끌어올리려면 엄청난 인력이 필요했습니다. 요즘과 같은 중장비 기계로 끌어올리면 손쉽겠지만, 그 당시에 그런 도구들이 있을 리 만무합니다. 모든 것을 사람의 손으로 옮기고 들어 올려야 했습니다.

그런데 지금 이스라엘은 좌절감에 빠져 있습니다. 그 이유는 제1차 포로 귀환 후에 성전 재건을 하다가 갑자기 중단되었기 때문입니다. 사람들은 무너진 성벽과 불탄 성문과 훼파된 성전을 보며 눈물을 흘리고 가슴 아파했습니다. 또한 방해꾼들이 나타나 왕에게 저들이 반란을 일으키기 위해 성전을 건축한다고 모함을 했습니다. 그리하여 왕이 친서를 내려 성전 건축을 못하게 막았습니다. 이런 과정을 거친 이스라엘 사람들의 마음속에는 실패에 대한 상처와 절망감이 있었습니다. 아무리 애써도 안 된다는 절망이 그들을 에워싸고 있었던 것입니다. 다시 해 본들 무슨 소용이냐는 절망은 정말 무서운 것입니다.

그날 밤 느헤미야는 정찰을 하면서 이러한 비참한 모습을 목도하게 됩니다. 이스라엘 사람들은 절망감과 좌절감과 무력감으로 가득 차 공동체 전체가 수렁에 빠진 채 헤어나지 못하고 있었습니다.

> 그 밤에 골짜기 문으로 나가서 용정으로 분문에 이르는 동안에 보니 예루살렘 성벽이 다 무너졌고 성문은 불탔더라 앞으로 나아가 샘문과 왕의 못에 이르러서는 탄 짐승이 지나갈 곳이 없는지라 그 밤에 시내를 따라 올라가서 성벽을 살펴본 후에 돌아서 골짜기 문으로 들어와 돌아왔으나(느 2:13-15).

느헤미야는 골짜기로 내려갔습니다. 성벽은 다 무너졌고 성문은 불타 있는 모습 그대로였습니다. 또한 샘물과 왕의 문을 가 봤더니 너무 비좁아 말을 타고 갈 수 없었습니다. 말 한 마리도 제대로 지나갈 수 없을 정도로 훼파된 것입니다. 느헤미야는 밤에 시내를 따라 올라가면서 성벽을 살피고 골짜기 문을 지나 다시 돌아왔습니다. 그는 밤에 등산하듯이 말 한 마리를 끌고 현장 확인을 한 것입니다.

그런데 관리들은 느헤미야가 어디 갔는지 몰랐습니다. 그는 유다 사람들이나 제사장이나 귀족들이나 관리는 물론 그 일을 하게 될 사람들한테까지도 말하지 않았습니다.

> 방백들은 내가 어디 갔었으며 무엇을 하였는지 알지 못하였고 나도 그 일을 유다 사람들에게나 제사장들에게나 귀족들에게나 방백들에게나 그 외에 일하는 자들에게 알리지 아니하다가(느 2:16).

이것이 느헤미야의 침묵의 지혜입니다. 정말 큰일을 할 사람은 항상 입을 조심합니다. 마음에 품은 생각들을 갑자기 내뱉지 않습니다.

나의 비전이 우리의 비전으로

느헤미야에게서 발견하게 되는 또 하나는 바로 비전의 선포입니다. 성문을 관찰하고 난 느헤미야는 다음날 사람들을 모아 놓고 이야기합니다.

> 후에 그들에게 이르기를 우리가 당한 곤경은 너희도 보고 있는 바라 예루살렘이 황폐하고 성문이 불탔으니 자, 예루살렘 성을 건축하여 다시 수치를 당하지 말자 하고(느 2:17).

느헤미야는 자신의 비전을 시작하기 전에 이 일에 참여할 사람들을 먼저 모아 이야기를 시작합니다. 이야기의 시작은 현실을 인정하는 것입니다. 지금 우리 현실이 이렇다는 것을 직시하게 한 것입니다. 모든 사람들이 비참함과 무기력함에 빠져 있음을 이야기하자 사람들은 공감을 하며 느헤미야의 이야기에 마음을 열고 귀를 기울입니다. 이처럼 느헤미야는 일하기 전에 사람들에게 동기부여를 해 주었습니다.

우리가 어떤 일을 할 때 충분한 의사소통과 동기부여 없이 하게 되면 사람들이 수동적으로 될 수밖에 없습니다. 그러나 설득을 하고 동기부여를 충분히 하면 사람들이 적극적으로 따라옵니다. 무슨 일이든 밀어붙이기만 하면 안 됩니다. 시간이 걸리더라도 설득과 동기부여가 필요합니다. 느헤미야는 일어나 사람들을 설득시키고 동기를 부여해 주었습니다.

여기서 한 가지 더 생각할 것은 느헤미야가 적당한 때를 선택했다는 것입니다. 설득도, 동기부여도 아무 때나 한다고 다 먹히는 것이 아닙니다. 적당한 때를 골라서 사전에 충분히 정보를 파악하여 현재 상황을 진실되게 이야기해야 합니다.

마지막으로 느헤미야가 잘한 것은 백성들의 마음에 있는 애국심과 하나님을 사랑하는 신앙에 호소한 것입니다. 모든 사람들이 자신의 나라를 사랑하고 지키려 합니다. 거룩한 애국심은 누구에게나 있는 것입니다. 느헤미야는 이런 애국심에 호소를 했습니다.

또한 하나님이 우리가 당하는 수치를 어떻게 보고 계시는지를 생각하게 하고, 믿음과 신앙심을 불러일으켰습니다. 느헤미야는 담대한 목소리로 외칩니다.

"자, 이제 우리가 예루살렘 성벽을 재건합시다! 불가능해 보이는 일이지만 불가능하지 않습니다. 우리 가운데 무력감이 있지만 그 무력감에 머물러 있어서는 안 됩니다. 우리는 할 수 있습니다. 자, 일어서십시오. 나아가십시오. 그리고 성문을 쌓읍시다."

느헤미야는 백성들에게 위로와 희망을 주었습니다.

> 또 그들에게 하나님의 선한 손이 나를 도우신 일과 왕이 내게 이른 말씀을 전하였더니 그들의 말이 일어나 건축하자 하고 모두 힘을 내어 이 선한 일을 하려 하매(느 2:18).

이렇게 해서 그들은 선한 일을 시작했습니다. 느헤미야는 백성들에게 두 가지를 더 이야기했습니다. 첫째, 이 일은 하나님이 허락하신 일임을 강조했습니다. 하나님의 의로운 손길이 함께하고, 왕도 허락한 일이라고 말하니 이스라엘 백성들은 더 이상 주저할 이유가 없었습니다. 그들은 대답했습니다. "우리가 무너진 성벽과 불탄 성문을 재건합시다." 사람들은 함성을 지르고 동의하기 시작했습니다.

이 일은 하나님의 일이다

하나님이 맡기신 큰일을 하려면 느헤미야처럼 해야 합니다. 몇 단계에 걸친 치밀한 계획과 기도와 철저한 정보 수집과 현장 조사, 그리고 신중함과 침묵, 대중을 설득하는 능력이 필요한 것입니다.

그리고 마지막으로 가장 중요한 것이 있습니다. 그것은 하나님의 허락하심입니다. 하나님이 허락하신 일이기에 이스라엘 백성들의 마음이 절망에서 희망으로, 무력감에서 용기로 변한 것입니다. 사람이 마음만 먹으면 못할 것이 없습니다. 세상을 뒤엎을 수도 있습니다. '나이가 많다, 돈이 없다'는 것은 핑계에 불과합니다. 마음속에 하나님을 향한 결심과 나라를 사랑하는 마음만 있으면 못할 것이 없습니다.

저는 북한을 바라보며 이런 생각을 했습니다. 북한은 절대로 굶어서 망하지는 않는다는 것을 말입니다. 배고픈 것은 참을 수 있습니다. 굶주림으로 그 나라가 망하지는 않습니다. 사람은 가난해서 망하는 것이 아니라 비전이 없어서 망하는 것입니다. 저는 우리 모두의 마음속에 기도를 통해서 하나님의 비전이 생겨나기를 바랍니다. 그 비전은 반드시 이루어질 것입니다. 그러나 반대와 모함에 계속 부딪히게 될 것은 각오해야 합니다. 사람들은 조롱하고 비웃고 비판의 목소리를 높입니다.

호론 사람 산발랏과 종이었던 암몬 사람 도비야와 아라비아 사람 게

섬이 이 말을 듣고 우리를 업신여기고 우리를 비웃어 이르되 너희가 하는 일이 무엇이냐 너희가 왕을 배반하고자 하느냐 하기로(느 2:19).

우리는 살아가면서 비판을 피해 갈 수는 없습니다. 언제든지 어느 때든지 무슨 일을 하든지 비판을 당하고 모함을 받게 됩니다. 비판의 목소리와 모함이 크게 보이면 우리는 일어서지 못합니다. 이스라엘 사람들이 가나안 땅을 정탐할 때를 떠올려 보십시오. 이스라엘이 가나안 땅 사람들을 너무 크게 보면 전쟁을 치르지 못합니다. 세상은 골리앗과 같고, 높은 여리고성 같지만 걱정하지 마십시오. 하나님이 더 크십니다. 우리는 믿음만 있으면 언제든지 벽을 넘을 수 있습니다. 하나님이 우리와 함께하시면 어떤 절망과 비판도 다 뛰어넘을 수 있습니다.

반대 세력에 대한 느헤미야의 대답은 확실하고 분명했습니다.

내가 그들에게 대답하여 이르되 하늘의 하나님이 우리를 형통하게 하시리니 그의 종들인 우리가 일어나 건축하려니와 오직 너희에게는 예루살렘에서 아무 기업도 없고 권리도 없고 기억되는 바도 없다 하였느니라(느 2:20).

느헤미야는 두 가지 이유를 대며 이 일에 대한 확신을 했습니다. 첫째, "이 일은 하나님의 일이요, 나의 일이 아니다"라는 것입니다. 하나님이 시키신 일이요, 하나님이 원하시는 일이기 때문에 반드시 이루어질 것이라고 말합니다. 둘째, "이 일은 하나님의 종인 우리의 의무와 우리의 비전이기 때문"이라고 말합니다. 하나님도 하기를 원하시고 자신도 하기를 원하기 때문에 이 일은 안 될 수가 없다고 말하는 것입니다. 이제는 뒤돌아설 수도 없으며, 아무리 반대하는 사람들이 있다고 해도 자신은 반드시 이 일을 이루고 말 것이라 다짐합니다. 그러면서 마지막에 "오직 너희에게는 예루살렘에서 아무 기업도 없고 권리도 없고 기억되는 바도 없다"고 말합니다.

이 말은 반대하는 바가 주목적이기에 상급도 없고, 몫도 없고, 권리도 없고, 역사적 명분도 없다는 의미입니다. 이미 게임은 끝난 것입니다. 우리 인생에 앞으로 많은 고난들이 있겠지만 게임은 끝났습니다. 우리는 반드시 하나님 나라를 위해 하나님의 도구로 쓰임받을 것입니다. 그리고 그 일이 이루어질 것이며, 하나님이 영광을 받으실 것입니다.

세상은 골리앗과 같고, 높은 여리고성 같지만 걱정하지 마십시오. 하나님이 더 크십니다. 우리는 믿음만 있으면 언제든지 벽을 넘을 수 있습니다. 하나님이 우리와 함께하시면 어떤 절망과 비판도 다 뛰어넘을 수 있습니다.

2부

우리를 일어서게 하는 힘

느헤미야 3:1 - 7:73

느헤미야의 기도와 비전과 지혜는
예루살렘에 살고 있는 이스라엘 백성들,
특히 좌절하고 희망을 포기해 버린 사람들의 마음을
움직이기 시작했습니다.
문제가 어렵고 쉽고는 중요하지 않습니다.
하나님의 뜻인가 아닌가가 중요합니다.

4

하나님의 일에는
서로가 필요합니다

느헤미야 3:1-32

한 사람이 소중하다

우리는 느헤미야를 통해 기도를 배웠습니다. 금식하고, 애통하고, 정말 마음에서 불타는 심정과 눈물로 기도하면 비전이 잉태한다는 것입니다. 저는 우리 모두가 하나님이 주시는 비전을 잉태하기를 바랍니다.

느헤미야에게서 나타난 구체적인 비전은 무너진 성벽과 불타버린 성문과 훼파한 성전을 회복하는 것입니다. 그런데 단순히 집을 짓는 것이 비전일까요? 크고 좋은 교회를 지으면 하나님이 영광을 받으시고 기뻐하시는 것일까요? 그렇지 않습니다. 느헤미야가 성벽 건축을 비전으로 삼은 것은 하나님의 영광과 그동안 하나님이 받으신 수치를 회복시키기 위한 것이었습니다.

우리가 무엇을 하든지 내가 하는 일을 통해서 하나님이 수치를 당하시고 영광을 받지 못하신다면 아무리 명분이 좋아도 그것은 허무한 것입니다. 비록 작고 사소한 일이라도 내가 하고 있는 일을 통해서 하나님이 영광을 받으시고 하나님이 당하신 수치를 다 물러가게 한다면 그것보다 소중한 것은 없습니다.

느헤미야 3장을 보면 수많은 사람들의 이름이 등장합니다. 그렇다면 75명 이상 되는 사람들의 이름이 나열되고 있는 이유는 무엇일까요? 이 사람들의 이름 속에는 중요한 메시지가 숨어 있습니다. 첫째는 하나님이 한 사람 한 사람을 소중하게 여기신다는 것입니다. 느헤미야는 성벽을 건축하면서 소수의 그룹이나 혹은 어떤 전문가에게 맡기지 않았습니다. 성전을 중심으로 예루살렘에 있는 모든 사람, 즉 부유한 사람이나 가난한 사람이나, 귀한 사람이나 천한 사람이나, 공직자나 시민이나, 여자나 남자나, 어린아이나 어른이나 할 것 없이 모두 이 일에 참여하는 것을 중요시했습니다.

우리는 우리에게 주어진 인생을 손님처럼 살면 안 됩니다. 어떤 집에 손님으로 가면 책임도 없고 할 일도 없어 마음이 편합니다. 그러나 책임이 없는 대신 권리도 없습니다. 어떤 사람을 보면 자기 인생을 주인공으로 살지 않고 손님처럼 평생 사는 이들이 있습니다. 늙고 병들면 이 사람은 아주 외로워집니다. 삶의 의미가 없기 때문입니다.

하나님 나라의 주인공, 일꾼으로 사십시오. 흐르는 역사 속에서 이 민족과 이 나라의 주인공으로 사십시오. 결코 손님이 되어서는 안 됩니다. 결혼이나 취업이 인생의 목표가 되어서는 안 됩니다. 결혼을 통해서 하나님께 영광을 돌리는 것이 최종 목표가 되어야 합니다. 아이를 낳기만 하는 것이 아니라 그 아이를 통해서 하나님께 영광을 어떻게 올릴 것인가가 중요합니다.

성벽 건축을 할 때 느헤미야의 탁월한 선택이 있었습니다. 그것은 한 사람 한 사람을 다 활용했다는 것입니다. 교회도 마찬가지입니다. 몇 사람이 교회를 운영하면 큰일 납니다. 모든 교인들이 교회의 주인공처럼 생각하고 하나님을 믿으며 아무리 사소한 일이라도 열심히 하는 것이 중요합니다.

저는 어느 날 새벽기도에 열심히 나오는 한 분이 예배 후 말없이 교회를 청소하는 것을 보았습니다. 낙엽을 정리하기도 하고, 청소가 잘 안 되는 지하실을 청소하기도 했습니다. 그분은 늘 빈 봉지와 집게를 들고 다니며 휴지를 줍곤 했습니다. 그랬던 분이 어느 날 환경부 차관이 되었습니다. 저는 그 일을 경험하고 깜짝 놀랐습니다. 이렇듯 작은 일에 충성하고 내 일처럼 여기면 하나님이 크게 쓰십니다.

하나님의 일을 위해 힘을 모으다

사람들의 이름 속에 숨겨진 두 번째 메시지는 성벽을 건축할 때 가문을 동참하게 했다는 것입니다. 혼자가 아니라 가문이 동참하기 때문에 그곳에 여자, 남자, 어린아이, 어른 모두 참여할 수 있었습니다. 마치 보리떡 5개와 물고기 2마리를 드린 어린아이처럼 하나님은 그것도 다 들어 쓰신다는 의미였습니다. 여러 사람들이 모여 각자가 할 일을 하면서도 협동이 잘 이루어졌습니다.

교회에서도 다툼과 불화가 일어납니다. 모두 편안한 마음으로 서로를 배려하며 예배드리고 신앙생활을 하면 좋겠는데, 인간이 한번 악해지면 교회 안에서도 하나님의 이름으로 다툼을 일으키고 불화가 퍼져 나갑니다.

그러나 하나님의 나라는 서로 힘을 합하여 협력하는 데 있습니다. 사람이 다 똑같을 수는 없습니다. 힘센 사람, 약한 사람, 침대에 누워서 평생을 살아야 하는 사람, 휠체어를 타는 사람, 모두 다르지만 건강한 사람은 약한 사람을 도와주고, 부유한 사람은 가난한 사람을 도와주며 유기적으로 협력해야 합니다.

우리의 능력은 어디서 나옵니까? 자발성에서 나옵니다. 누가 시켜서 하면 능력이 안 나타납니다. 자기가 좋아서 해야 합니다. 특별히 하나님의 일은 자발성이 중요합니다. 성전에 관여된 모든 사람이 빠짐없이 자발적으로 임하며 헌신할 때 능력이 발휘됩니다. 헌신한 사람과 헌신하지 않은 사람은 차이가 있습니다. 헌신한 사람은 자기 몸과 마음을 다 바쳐서 일하고도 늘 미안하고 감사한 마음이 있습니다. 이와 같은 자발성과 헌신과 협동은 느헤미야의 성벽 건축에서 발견되는 핵심입니다. 사람들이 굉장히 큰 성전 건축을 단시일에 해 낼 수 있었던 것은 자발성과 헌신과 협동 때문이었습니다. 아무리 사람이 많아도 협동이 안 되면 그 성전은 모래성에 불과합니다. 그것은 오합지졸에 가깝습니다.

두 사람이 한 사람보다 나음은 그들이 수고함으로 좋은 상을 얻을 것임이라 혹시 그들이 넘어지면 하나가 그 동무를 붙들어 일으키려니와 홀로 있어 넘어지고 붙들어 일으킬 자가 없는 자에게는 화가 있으리라 또 두 사람이 함께 누우면 따뜻하거니와 한 사람이면 어찌 따뜻하랴 한 사람이면 패하겠거니와 두 사람이면 맞설 수 있나니 세 겹 줄은 쉽게 끊어지지 아니하느니라(전 4:9-12).

우리는 외톨이처럼, 흩어지는 모래알처럼 살아서는 안 됩니다. 누구나 팀워크를 이루어 협력하며 살아야 합니다.

은사대로 비전을 이루어 가다

느헤미야는 성벽을 건축하면서 수많은 사람들에게 똑같은 일을 시키지 않고 은사대로 시켰습니다. 이 세상에는 수많은 직업들이 있습니다. 그 직업대로 은사대로 봉사하는 것이 현명하고 효과가 있습니다. 느헤미야가 성벽 건축을 단숨에 이룰 수 있었던 것은 은사를 잘 활용했기 때문입니다.

3장 1절을 보면 대제사장과 제사장이 나오고, 5절에서는 귀족들이 나옵니다. 또한 8절을 보면 금장색 또는 은장색 전문가들과 쇠를 다루는 사람들이 나옵니다. 물론 목수도 있고, 성벽을 쌓는 전문가도 있었습니다. 이 사람들이 모두 자기 은사를 사용해서 일을 했다는 것입니다. 하나님이 우리에게 좋은 은사를 주셨는데 그것을 사용하지 않으면 썩게 됩니다. 그 은사를 교회를 위해, 하나님을 위해 사용할 때 진가가 발휘됩니다.

중요한 것은 은사가 없는 사람은 이 세상에 없다는 사실입니다. 존재함 자체가 은사인 사람도 있습니다. 대표적인 사람이 바로 닉 부이치치(Nick Vujicic)입니다. 목사의 아들로 태어난 그는 양팔이 없었습니다. 사타구니 쪽부터 양다리도 없었습니다. 그는 몇 번이나 자살을 생각했습니다. 그런데 성인이 되어 수영도 하고 여러 가지 일을 배우기 시작했습니다.

아주 재미있는 것은 그가 전 세계를 다니면서 설교하고 강연한다는 것입니다. 특별히 닉이 청소년들 앞에 섰을 때 자살하려고 했던 아이들이 부끄러워서 말을 못했다고 합니다. 우리는 가진 것이 너무 많은데도 자살하려고 합니다. 하지만 닉은 두 팔과 두 다리가 없는 와중에도 감사하며 살고 있습니다. 그에게 있는 은사가 얼마나 큽니까?

또한 느헤미야는 성벽 건축을 할 때 역할 분담을 했습니다. 느헤미야 3장을 보면 "그다음은"이라는 말이 여러 번 반복되어 나옵니다.

그때에 대제사장 엘리아십이 그의 형제 제사장들과 함께 일어나 양문을 건축하여 성별하고 문짝을 달고 또 성벽을 건축하여 함메아 망대에서부터 하나넬 망대까지 성별하였고 그다음은 여리고 사람들이 건축하였고 또 그다음은 이므리의 아들 삭굴이 건축하였으며(느 3:1-2).

여기서 "그다음"이라는 말은 다음 단계라는 말이 아닙니다. 그 사람 다음이라는 말입니다. 그러니까 일정한 구역은 내가 맡고 그다음 구역은 네가 맡고 그다음 구역은 다른 사람이 맡는다는 것입니다. 그러므로 52일 만에 성벽이 건축된 것입니다.

구역을 나누지 않으면 일이 뒤죽박죽이 되고, 사람들이 겹쳐 서로 자신의 일을 비교하며 다투게 될 수 있습니다. 그래서 느헤미야는 한 사람 한 사람 또는 가문의 숫자에 따라서 지역을 분배해 준 것입니다. 3장 전체를 보면 성벽의 구역를 나누어 준 이야기가 담겨 있음을 알 수 있습니다. 이 얼마나 지혜로운 생각입니까? 그냥 집을 지으려고 했고 성벽을 지으려고 했으면 1-2년 걸릴 일을 다 각자 자기가 맡은 일을 하니까 52일 만에 성벽이 지어진 것입니다.

이것을 보고 가장 놀란 사람들은 반대자들이었습니다. 성벽을 짓는 일을 어리석다고 하며 하루아침에 지어질 것이 아니라고 비웃었던 그들은 성벽이 점차 완성되는 것을 보고 놀란 것입니다.

여기서 3장 1절을 다시 보면 제일 먼저 구역이 정해진 사람들이 대제사장과 제사장들임을 알게 됩니다. 사실 그들은 하나님과 인간 사이의 죄를 용서케 하는 역할을 하는 사람들이었습니다. 그런데 놀랍게도 성벽 건축에서 이들이 제일 앞장섰습니다.

이처럼 교회가 잘되려면 목회자와 장로들이 제일 먼저 앞장서야 합니다. 우리 교회에서는 리더십 축제가 열리면 장로님들이 화장실 청소를 담당합니다. 장로님들은 교회 안의 궂은일을 도맡아

합니다. 무슨 일이든 솔선수범하여 먼저 움직입니다.

그다음은 예루살렘 지방 절반을 다스리는 할로헤스의 아들 살룸과 그의 딸들이 중수하였고(느 3:12).

느헤미야 3장 12절을 보면 "딸들"이라는 말이 나오는데, 이를 통해 여자들도 참여했음을 알 수 있습니다. 모든 백성들이 이렇게 기쁘고 즐겁게 성벽 건축에 참여했습니다. 다시 말해 자발성, 헌신, 협동, 은사, 역할 분담이 성벽을 건축할 수 있는 요소들이었습니다. 그 사람과 가문에 따라서 성벽의 위치를 선정해 준 것입니다.

그다음은 드고아 사람들이 중수하였으나 그 귀족들은 그들의 주인들의 공사를 분담하지 아니하였으며(느 3:5).

어떤 귀족들은 참여하지 않았습니다. 교회에는 가끔 이런 사람들이 있습니다. 모두가 기쁘게 참여하는데 어떤 사람은 뒷짐 지고 일을 회피합니다. 그럼에도 불구하고 성벽은 지어지고 있었습니다. 하나님의 뜻이 이루어지고 있었던 것입니다.

분문은 벧학게렘 지방을 다스리는 레갑의 아들 말기야가 중수하여 문을 세우며 문짝을 달고 자물쇠와 빗장을 갖추었고(느 3:14).

성벽 주변에는 많은 사람들이 살고 있었는데, 각 가문마다 제일 가까운 거리에 있는 성을 지정해 주고 건축을 하게 했습니다.

> 마문 위로부터는 제사장들이 각각 자기 집과 마주 대한 부분을 중수하였고(느 3:28).

> 그다음은 셀레먀의 아들 하나냐와 살랍의 여섯째 아들 하눈이 한 부분을 중수하였고 그다음은 베레먀의 아들 므술람이 자기의 방과 마주 대한 부분을 중수하였고 그다음은 금장색 말기야가 함밉갓 문과 마주 대한 부분을 중수하여 느디님 사람과 상인들의 집에서부터 성 모퉁이 성루에 이르렀고(느 3:30-31).

느헤미야의 탁월한 전략입니다. 멀리 가서 일하라고 하면 사람들이 불평했을 텐데, 자기 집 근처에서 일하도록 하니까 자기 집도 돌보고 성벽도 쌓을 수 있었던 것입니다.

이렇듯 성벽 복구에 온 백성이 힘을 합했고, 모든 은사가 동원되었습니다. 느헤미야는 아주 지혜로운 방법을 선택해서 모든 사람이 하나님께 영광을 돌리고 자기에게도 축복이 되는 일을 했습니다.

자신이 교회의 주인공이라 생각하면 교회가 조금이라도 상처를 받거나 하나님의 뜻에 맞지 않을 때 가슴이 찢어지고 아플 것입니다. 교회는 그리스도의 몸입니다. 모든 몸들이 서로 영향을 주고받으며 유기체적으로 하나가 될 때 하나님께 영광이 됩니다. 느헤미야는 그런 방법으로 성벽 건축을 했습니다. 그래서 모든 사람들이 기뻐하고 즐거워하고 하나님께 영광을 올려 드린 것입니다.

5

기적을 만드는 것은
믿음입니다

느헤미야 4:1-12

하나님의 일에 반대하는 사람들

느헤미야의 기도와 비전과 지혜는 예루살렘에 살고 있는 이스라엘 백성들, 특히 절망하고 좌절하고 희망을 포기해 버린 사람들의 마음을 움직이기 시작했습니다. 문제가 어렵고 쉽고는 중요하지 않습니다. 하나님의 뜻인가 아닌가가 중요합니다. 아무리 쉬워도 하나님의 뜻이 아니면 하지 말아야 하고, 아무리 어려워도 하나님의 뜻이면 해야 합니다. 힘을 합하고 마음을 모으면 불가능은 없습니다. 불가능해 보여도 죽은 나무에서 꽃이 피듯이 살아나는 것입니다. 생명이 돌고 부활이 일어나고 기적이 일어나는 것입니다. 그런데 느헤미야와 더불어 이스라엘 백성들의 의연한 결의에 찬물을 끼얹는 사람들이 나타납니다.

산발랏이 우리가 성을 건축한다 함을 듣고 크게 분노하여 유다 사람들을 비웃으며 자기 형제들과 사마리아 군대 앞에서 일러 말하되 이 미약한 유다 사람들이 하는 일이 무엇인가, 스스로 견고하게 하려는가, 제사를 드리려는가, 하루에 일을 마치려는가 불탄 돌을 흙무더기에서 다시 일으키려는가 하고 암몬 사람 도비야는 곁에 있다가 이르되 그들이 건축하는 돌 성벽은 여우가 올라가도 곧 무너지리라 하더라(느 4:1-3).

여기 보면 반대하고 조롱하는 세 무리가 나옵니다. 첫째는 사마리아의 통치자였던 산발랏입니다. 아마 이 사람이 반대 세력의 주모자였을 것입니다. 그는 사마리아인이었고 자기 통치 영역이 침범을 받았다고 생각했습니다. 둘째는 산발랏에 맞장구치는 사람으로, 암몬 사람 도비야입니다. 셋째는 아라비아 사람들과 아스돗 사람들입니다. 그들의 특징은 분노하고 몹시 분개하는 것입니다. 그들은 이스라엘 사람들을 조롱했습니다.

이 세상은 하나님의 일을 한다고 박수쳐 주지 않습니다. 나라를 위해서, 민족을 위해서 좋은 일을 하고 선한 일을 한다고 해서 사람들이 모두 환영해 주는 것은 아닙니다. 반대하는 사람은 언제나 있습니다. 분노하는 사람은 언제나 있기 마련입니다.

분노하고 분개하고 조롱하는 사람들의 특징은 매우 감정적이라는 것입니다. 반대하는 사람들의 특징은 이성적이지 않습니다. 또한 그들은 교만해 자신이 누구보다도 우월하다고 생각하기 때문에 다른 사람들이 하는 일을 조롱하고 비난합니다. 그런데 막상 그들이 화를 내고 분개하는 말을 들어보면 별다른 내용이 없습니다. 화를 내는 당사자는 굉장히 커다란 이유라고 생각하지만 그 내용을 들여다보면 그렇게 화를 내거나 분개할 이유가 전혀 아닙니다.

다툼 대신 하나님께 아뢰다

반대와 조롱과 비난 속에서 느헤미야는 어떻게 반응합니까? 놀랍게도 그는 자기를 조롱하고 반대하고 비난하는 사람들에게 대항하고 싸우는 것이 아니라 하나님께 기도했습니다. 좀 더 솔직하게 말하면 하나님께 고자질한 것입니다. 반대하는 사람과 대립하거나 논쟁하거나 싸우지 않았다는 것은 위대한 일입니다.

우리는 언제나 자기를 괴롭히는 사람들을 보면 멱살이라도 잡고 싶고, 그 사람이 뒤로 넘어져서 머리가 깨지길 원하고 잘못되기를 바랍니다. 그러나 느헤미야는 자기를 반대하는 사람들과 싸우지 않았습니다. 그 대신 하나님께 찾아가 무릎을 꿇고 모든 상황을 이야기했습니다. 역시 느헤미야는 기도하는 사람이었습니다. 시작할 때도 그랬고, 어려움을 겪을 때도 먼저 하나님께 찾아가 이야기했습니다.

> 우리 하나님이여 들으시옵소서 우리가 업신여김을 당하나이다 원하건대 그들이 욕하는 것을 자기들의 머리에 돌리사 노략거리가 되어 이방에 사로잡히게 하시고 주 앞에서 그들의 악을 덮어 두지 마시며 그들의 죄를 도말하지 마옵소서 그들이 건축하는 자 앞에서 주를 노하시게 하였음이니이다 하고(느 4:4-5).

느헤미야는 기도할 때 우물쭈물하지 않았습니다. 아주 단호했습니다. 조롱받고 비난받은 만큼 느헤미야의 기도는 확실했습니다.

"하나님, 우리가 지금 멸시를 당하고 있습니다. 그들이 하는 욕이 그들에게로 돌아가게 해 주십시오. 그들이 포로가 되어 남의 땅에 끌려가게 해 주십시오. 그들의 죄를 덮지 말고 그들의 죄를 지우지 마십시오. 그들은 우리의 얼굴에 욕을 퍼부었습니다."

우리는 느헤미야의 기도를 들으며 약간의 갈등에 빠지게 됩니다. 기도하는 것은 좋은데, 이런 저주의 내용을 담은 기도를 해도 되는 것인지 의문이 드는 것입니다. 예수님은 원수까지도 사랑하고 기도하라고 하셨습니다. 그런데 느헤미야는 지금 자신을 대적하는 이들에게 벌이 내려지기를 기도하고 있습니다. 그러나 시편을 1장부터 150장까지 읽으면 이런 이야기가 계속 나옵니다. 시편 기자들은 끝없는 설움과 비난 가운데서 힘겹게 살았습니다. 원수를 갚아 달라는 기도를 탄원시라고 하는데 그러한 탄원시가 시편에는 가득합니다. 예를 들어, 시편 3장 7절을 보면 이렇습니다.

여호와여 일어나소서 나의 하나님이여 나를 구원하소서 주께서 나의 모든 원수의 뺨을 치시며 악인의 이를 꺾으셨나이다(시 3:7).

뺨을 치고 이를 부러뜨려 달라고 기도합니다. 얼마나 한이 맺혔으면 이런 기도를 드렸겠습니까? 다음의 시편 구절들도 이러한 탄원이 담겨 있습니다.

그들의 입에 신실함이 없고 그들의 심중이 심히 악하며 그들의 목
구멍은 열린 무덤 같고 그들의 혀로는 아첨하나이다 하나님이여 그
들을 정죄하사 자기 꾀에 빠지게 하시고 그 많은 허물로 말미암아
그들을 쫓아내소서 그들이 주를 배역함이니이다(시 5:9-10).

교만하고 완악한 말로 무례히 의인을 치는 거짓 입술이 말 못하는
자 되게 하소서(시 31:18).

정말 하나님을 사랑하고 신뢰하는 사람들에게 공통점이 있다면
그것은 고난에 처해 있다는 사실입니다. 그들의 인생에는 모함이
있고, 욕설이 있습니다. 이처럼 믿음을 가지면 고난이 따릅니다.
믿음을 가지면 고난도 사라지고 병도 사라지고 인생의 모순들이
다 사라질 것 같지만 그렇지 않습니다. 숲 속에 심겨진 한 나무가
잘 자라기 위해서는 바람과 태풍을 이겨 내야 합니다.

우리가 믿음이 연약할 때는 하나님이 이런저런 응답을 해 주시
지만 우리의 믿음이 성장할 때는 시련과 고난 속에 내버려 두십니
다. 어려움과 억울함, 산전수전을 다 겪으면서 믿음이 성장하도록
만들어 주시는 것입니다. 여기서 우리가 발견하는 믿음이 천국의
믿음입니다. 그래서 누가 뭐라 해도, 누가 나를 뒤흔들어도, 누가
나를 욕해도 마음에 상처받지 않고 기쁨으로 이 일을 감당하는 것
입니다.

세상에는 상처받은 사람이 참 많습니다. 왜 상처를 받을까요? 누가 상처를 주면 "노 땡큐"(No, Thank you) 하면 되는데 "웰컴"(Welcome) 하니까 상처를 받는 것입니다. 아무리 상처를 줘도 안 받으면 그 상처는 없는 것입니다.

그런데 시편에 나오는 탄원시를 보면 특이한 점을 발견하게 됩니다. '왜 시편 기자들이 이토록 저주를 하고 복수해 달라고 했을까?' 하는 것입니다. 그 이유는 자기 때문이 아닙니다. 나를 배신하고 못살게 굴고 나한테 욕을 했기 때문이 아니라 하나님의 영광을 가렸기 때문에 참을 수 없었던 것입니다. 나를 향한 수모는 참을 수 있지만 하나님의 성전이 훼파당하고 하나님의 영광이 가려지면 하나님의 사람들은 못 참습니다. 그래서 시편 기자들이 지독하리만큼 복수를 위해 기도했습니다. 악인들을 무찔러 달라, 악인들의 이를 부셔 달라, 먼지처럼 사라지게 해 달라고 기도한 것입니다.

느헤미야도 마찬가지입니다. 사람들이 대적하고 무시하고 욕하는 것을 견딜 수 없었던 이유는 자기 때문이 아니라 하나님의 영광이 땅에 떨어지고 하나님의 주권이 무시당했기 때문입니다. 그런데 그가 하나님께 기도한 후 어떤 일이 일어납니까? 악한 자들이 없어지는 것이 아니라 오히려 기세등등해졌습니다.

이에 우리가 성을 건축하여 전부가 연결되고 높이가 절반에 이르렀으니 이는 백성이 마음 들여 일을 하였음이니라 산발랏과 도비야와 아라비아 사람들과 암몬 사람들과 아스돗 사람들이 예루살렘 성이 중수되어 그 허물어진 틈이 메꾸어져 간다 함을 듣고 심히 분노하여 다 함께 꾀하기를 예루살렘으로 가서 치고 그곳을 요란하게 하자 하기로(느 4:6-8).

자, 보십시오. 느헤미야와 이스라엘 백성들이 하나님의 음성을 듣고 기도하고 믿음으로 하나가 되었을 때, 그리고 전략적으로 성 쌓는 것을 구분 짓고 은사에 따라 역할 분담을 했을 때 성벽이 순식간에 반이나 올라갔습니다. 하나님의 일은 이와 같습니다.

하나님의 영광을 위해서 계획을 세워 보십시오. 불가능에 도전해 보십시오. 순식간에 절반이 이루어집니다. 안 되는 것은 없습니다. 내 마음이 안 되는 것이지 하나님께 안 되는 것은 없습니다. 하나님이 원하시면 모든 불가능을 물리치고 하나님의 기적이 만들어집니다. 그것이 믿음의 사람의 일생입니다.

기도와 영적 전쟁 사이에서

성벽 재건 공사가 벌써 반 이상이나 진행되었습니다. 엄청나게 무서운 속도입니다. 결과적으로 성벽을 다시 세운 느헤미야와 이스라엘 백성들은 어떤 태도를 취하고 있습니까? 한쪽에서는 계속적인 공격이 들어옵니다. 그러나 이스라엘 백성들은 멈출 수 없었습니다.

우리가 우리 하나님께 기도하며 그들로 말미암아 파수꾼을 두어 주야로 방비하는데(느 4:9).

여기서 나타나는 이스라엘 백성들의 행동은 아주 중요합니다. 그들은 두 가지를 선택했습니다. 한편으로는 기도하고, 또 한편으로는 경비병을 세워서 성을 공격하는 사람들을 막아 냈습니다. 이것이 이 세상에서 그리스도인들이 살아가는 자세입니다. 은혜받고 예수를 믿었다고 기도원에 가서 살면 되겠습니까? 세상에서 가족을 돌보고 사회에서 일도 해야 합니다. 믿음이 있다고 기도만 하면 되겠습니까? 그러면 이 세상은 누가 이끌어 갑니까? 그렇다고 기도하지 않고 세상일만 하면 우리의 믿음은 바닥을 칠 것입니다.

우리가 일하는 직장, 우리가 쉬는 가정, 우리가 살아가는 이 세상이 깨끗해지도록 하나님의 정의가 임하게 하는 것이 우리 그리스도인들의 역할입니다. 우리의 직장은 우리의 선교지입니다. 우리 모두는 예외 없이 선교사들입니다. 우리가 어떤 일을 하든지, 어디에 있든지 하나님께 영광을 올리는 일을 해야 하는 이유가 여기에 있습니다.

출애굽 후에 이스라엘 백성들이 아말렉 군대의 공격을 받았습니다. 그때 모세는 아론과 훌을 데리고 산으로 올라갔습니다. 그리고 두 손을 높이 들고 기도를 했습니다. 손을 높이 들면 이스라엘이 이기고 손을 내리면 아말렉 군대가 이겼습니다. 벌 서듯 손을 들고 있는 것이 모세의 역할이었습니다.

지금의 교회의 역할은 기도해 주는 것입니다. 온 성도들이 세상에 나가서 싸울 때 승리하라고, 악에게 지지 말라고, 반대자들의 위협에 굴복하지 말라고 기도해야 합니다. 여호수아는 어떻게 했습니까? 젊은 군사들을 모아서 아말렉 군대와 싸웠습니다. 여기서 전쟁의 운명이 엇갈립니다. 기도하면 전쟁에 승리하고, 기도하지 않으면 전쟁에 패한다는 놀라운 사실을 배우게 되는 것입니다. 현실과 이상, 기도와 전쟁, 우리는 늘 이 두 사이에 있습니다.

원망과 불평이라는 적

이스라엘 백성들은 기도와 더불어 경기병을 세워 횃불을 들고 성벽을 지켰습니다. 반대하는 외부 세력은 그렇게 두려운 존재가 아닙니다. 그들을 향해 하나가 되어 똘똘 뭉치면 되기 때문입니다. 문제는 내부에서 일어나는 공격과 분열과 갈등입니다.

> 유다 사람들은 이르기를 흙무더기가 아직도 많거늘 짐을 나르는 자의 힘이 다 빠졌으니 우리가 성을 건축하지 못하리라 하고(느 4:10).

원망과 불평은 이스라엘 백성들의 전공입니다. 그들은 홍해가 갈라지는 것을 눈으로 보고도 3일도 채 지나지 않아 물이 없다고 불평했습니다. 한 달도 안 됐는데 먹을 것이 없다고 불평했습니다. 홍해가 갈라지는 기적을 보고도 마음속에는 원망과 불평이 늘 자리 잡고 있었던 것입니다. 어김없이 이스라엘 백성들 내부에 불평이 일어나기 시작했습니다. 할 일은 아직도 많은데 일꾼들이 힘이 빠져 더 이상 할 수 없게 되었다고 푸념을 늘어놓기 시작한 것입니다.

> 우리의 원수들은 이르기를 그들이 알지 못하고 보지 못하는 사이에 우리가 그들 가운데 달려 들어가서 살육하여 역사를 그치게 하리라 하고(느 4:11).

또한 이스라엘 백성들은 자신의 원수들이 자신들 무리 가운데 몰래 들어와 자신들을 죽이고 일을 중단시킬 거라는 협박을 했다고 말합니다. 믿음이 없는 사람은 협박 소리가 크게 들립니다. 그러나 믿음이 있는 사람은 아무리 협박을 해도 끄떡하지 않습니다. 세상에 근심 걱정이 많은 것은 상대적으로 우리의 믿음이 작아졌기 때문입니다. 그러나 태풍이 불고, 폭풍이 치고, 아무리 우리 집이 쓸려 내려간다 하더라도 믿음이 있는 사람은 '하나님이 새 집을 주시겠지, 더 좋은 것을 주시겠지' 하는 믿음이 있습니다.

그 원수들의 근처에 거주하는 유다 사람들도 그 각처에서 와서 열

번이나 우리에게 말하기를 너희가 우리에게로 와야 하리라 하기로
(느 4:12).

원수들 가까이에 사는 유다 사람들도 자기들에게 와서 열 번씩이나 사방에서 치려 한다는 말을 했다고 합니다. 역시 백성들의 귀에 협박 소리가 크게 들리고 있음을 보게 됩니다. 그러니 겁에 질려 쪼그라들 수밖에 없습니다. 가졌던 믿음마저 흔들리기 시작합니다. 믿음이 없으면 아무 일도 안 됩니다. 불가능을 가능하게 하는 것은 믿음이기 때문입니다. 기적을 만드는 것은 믿음입니다. 병이 낫는 것도, 구원받는 것도 모두 믿음으로 이루어지는 것입니다. 그래서 믿음에서 믿음으로 이른다는 말씀이 있는 것입니다.

역시 무서운 것은 외부의 공격이 아니라 내부의 갈등입니다. 먼저 내부에 있는 사람들끼리 결속을 잘해야 합니다. 그래야 세상을 이길 수 있습니다. 우리를 반대하고 배척하는 사람들은 소문을 크게 부풀려 말합니다. 그래서 소문이 크게 보이는 것입니다. 교회 안에서도 소문들이 급속도로 퍼집니다. 나중에 알고 보면 사실이 아닌 것이 많습니다.

하나님을 두려워하라

우리는 항상 하나님을 두려워해야 합니다. 하나님이 우리와 함께

계신다는 사실을 믿으십시오. 우리 눈에 태양이 안 보인다고 태양이 없는 것은 아닙니다. 구름에 잠깐 가려져 있을 뿐입니다. 구름은 영원하지 않습니다. 구름은 지나가게 되어 있습니다. 그리고 태양은 다시 빛나게 됩니다. 인생의 고달픈 길을 지나갈 때 그것은 동굴에 들어가는 것이 아니라 통로를 지나가는 것입니다. 분명히 밖으로 나올 구멍이 있다는 것입니다. 우리의 하나님은 살아 계십니다. 우리는 역사의 주인공이요, 하나님 나라의 주인공들입니다.

너는 알지 못하였느냐 듣지 못하였느냐 영원하신 하나님 여호와, 땅 끝까지 창조하신 이는 피곤하지 않으시며 곤비하지 않으시며 명철이 한이 없으시며(사 40:28).

하나님은 지치시는 분이 아닙니다. 하나님은 피곤해하지도 않습니다. 하나님은 영원에서부터 영원까지 살아 계신 분입니다. 그분이 우리가 믿는 하나님이십니다.

이는 나 여호와 너의 하나님이 네 오른손을 붙들고 네게 이르기를 두려워하지 말라 내가 너를 도우리라 할 것임이니라(사 41:13).

하나님의 말씀에 귀 기울여 보십시오. 우리는 위기의 때에 마귀가 유혹하는 대로 실망하고 절망하고 애통해하고 눈물을 흘려서는 안 됩니다. 살아 계신 하나님을 믿고 바라고 기도하며 어두운 터널을 뚫고 나와야 합니다.

> 너희는 이전 일을 기억하지 말며 옛날 일을 생각하지 말라 보라 내
> 가 새 일을 행하리니 이제 나타낼 것이라 너희가 그것을 알지 못하
> 겠느냐 반드시 내가 광야에 길을 사막에 강을 내리니(사 43:18-19).

사막이라는 곳은 아무리 길을 내도 모래 바람이 한번 불면 다 없어집니다. 그래도 하나님은 "반드시 내가 광야에 길을 사막에 강을 내리니"(사 43:19)라고 말씀하십니다. 하나님이 인간의 몸으로 오신 분이 예수 그리스도입니다. 그는 빛으로 오셨고 생명으로 오셨습니다. 누구든지 예수 그리스도를 믿으면 우리 안에 빛이 오고 생명이 옵니다. 교회를 다니면서도 아직 예수를 영접하지 않은 사람들이 참 많습니다. 아직도 예수님을 영접하는 데 주저할 것입니까? 평생 구도자의 삶을 살 것입니까? 지금 이 순간 예수님을 믿겠다고 결정하십시오. 주사위는 이미 던져졌습니다. 예수님은 구약을 완성하신 분이고 정의를 완성하신 분입니다. 그것이 용서와 화해입니다.

한편으로는 기도하고 한편으로는 파수꾼이 되어 성벽을 지키는 느헤미야처럼 우리도 한편으로는 정의의 사도가 되고 한편으로는 용서와 사랑의 사도가 되어야 할 것입니다. 우리 모두 패배자가 되

지 말고 승리자가 되기를 바랍니다. 믿음 없는 자가 되지 말고 믿음 있는 자가 되기를 바랍니다. 하나님이 우리와 함께하실 것입니다.

만약 우리 앞에 반대자들과 훼방꾼들이 나타나 인생을 흔들어 놓는다면, 하나님께 용기를 달라고 기도하십시오. 반대자들의 음모를 막아 달라고, 그래서 하나님이 영광을 받으시도록 해 달라고 기도하십시오.

6

하나님이 이미
승리하셨습니다

느헤미야 4:13-23

뒤로 물러설 수 없는 일

외부 세력의 끊임없는 공격에도 불구하고 느헤미야는 하나님을 찾아가 기도했습니다. 우리가 어려움을 겪으면 나를 도와줄 사람이나 돈을 먼저 찾습니다. 왜냐하면 돈이 세상을 지배하고 있기 때문입니다. 그런데 느헤미야는 하나님을 먼저 찾았습니다. 그리고 하나님께 기도했습니다. 이미 성벽 건축은 시작되었고 성벽은 반 이상 완성되었기에 여기서 멈추거나 뒤로 물러설 수는 없는 일이었습니다.

우리는 하나님께 기도하고 뜻을 정하는 일을 도중에 멈추지 말아야 합니다. 끝까지 밀고 나가야 합니다. 느헤미야는 밀어붙였습니다. 누가 뭐라 해도 하나님만 바라보고 밀어붙인 것입니다. 느헤미야의 비전과 믿음과 확신은 그 어떤 세력도 방해할 수 없었습니다.

내가 성벽 뒤의 낮고 넓은 곳에 백성이 그들의 종족을 따라 칼과 창과 활을 가지고 서 있게 하고(느 4:13).

느헤미야의 마음은 이미 정해졌습니다. '뒤로 물러서지 않는다. 포기하지 않는다.' 그래서 그는 사람들을 가문별로 나누어 칼과 창과 활로 무장시켜서 성벽 뒤 낮고 넓게 펼쳐진 곳에 배치했습니다. 이것은 외부 세력의 공격에 대비한 전략이었습니다.

두려움 너머에 있는 것

느헤미야는 자기를 따르는 백성들의 심리 상태를 관찰하고 있었습니다.

> 내가 돌아본 후에 일어나서 귀족들과 민장들과 남은 백성에게 말하기를 너희는 그들을 두려워하지 말고 지극히 크시고 두려우신 주를 기억하고 너희 형제와 자녀와 아내와 집을 위하여 싸우라 하였느니라(느 4:14).

지도자는 자기를 따르는 사람들의 마음 상태를 잘 파악해야 합니다. 겉으로만 따르고 있는 것인지, 마음을 다해 따르고 있는 것인지, 겁을 먹고 있는지, 도망갈 기회를 찾고 있는지 등 그들의 마음을 잘 알아야 영적 전쟁에서 승리할 수 있습니다. 백성들의 문제는 관리인들을 포함해서 두려움에 사로잡힌 것이었습니다. 느헤미야는 모든 중간 리더들과 백성들이 두려워하고 있음을 눈치챘습니다. 이렇듯 사람의 마음을 알아차리는 것이 지도자의 역할이자 중요한 덕목입니다.

세상에서 제일 두려운 것이 두려움입니다. 두려움에 한번 사로잡히면 무기력해지고 능력도 없어지고 방어적으로 변합니다. 두려움에는 대상이 있는 두려움이 있습니다. 이스라엘 백성들의 경우에는 산발랏과 도비야와 그들을 따르는 많은 사마리아 사람들이 두려움의 대상입니다.

또한 대상이 없는 두려움도 있습니다. 인생 자체가 두렵고 외로우며 하나님이 내 안에 없을 때 두려움이 찾아옵니다. 인생의 목적이 없을 때는 아무리 돈이 많아도, 또 좋은 집과 좋은 차와 좋은 직장을 가지고 있어도 마음속에 삶의 의미와 즐거움이 없습니다. 이러한 두려움은 우리를 무기력하게 만들고 방어적으로 만들고 비겁하게 만듭니다. 따라서 두려움을 가진 사람은 영적 전쟁에서 승리하기 어렵습니다.

믿음이 있으면 두려움은 떠납니다. 나의 믿음이 불처럼 타오르기 시작하면 상대적으로 두려움은 약해지고 나중에는 떠나게 됩니다. 그러다가 믿음이 약해지면 또다시 두려움이 살아납니다. 두려움이 나를 사로잡고 나를 무기력하게 만들고 패배하게 만듭니다.

느헤미야는 혼신의 힘을 다해 외치기 시작했습니다. "두려워하지 마세요. 하나님을 두려워하세요. 위대하고 두려우신 하나님을 기억하고 우리의 형제와 자녀들과 아내와 가정을 위해 싸웁시다." 그는 두려움에 갇힌 사람들을 각성시키기 위해 호령하면서 믿음을 북돋아 주었습니다.

대개 두려움을 가진 사람은 허공을 쳐다보고 있습니다. 사람을 봐도 사람을 보는 것이 아닙니다. '이제 난 어떻게 살지?'라는 걱정에 사로잡혀 있는 것입니다. 그러나 믿음을 가진 사람은 '하나님이 더 좋은 길로 인도하실 거야'라고 긍정적으로 생각합니다.

언제나 우리는 닫힌 문 앞에서 두려워합니다. 그런데 하나의 문이 닫히면 또 다른 한 문이 열리게 됩니다. 우리는 그 열린 문을 바라보지 못하기 때문에 두려움에 빠지는 것입니다. 열린 문을 발견하는 순간 우리는 다시 살아나기 시작합니다. 은혜를 받고 용기가 생깁니다.

우리는 본문 말씀을 통해 다음과 같은 깨달음을 발견하게 됩니다.

첫째, 반대하고 조롱하는 사람들을 두려워하지 말라는 것입니다. 사실 그들의 조롱과 비난과 반대는 아무 힘이 없습니다. 언제나 힘없는 사람이 도리어 큰소리를 칩니다. 과장되고 과시하는 말만 하는 사람의 말은 내용이 없는 법입니다. 그래서 느헤미야는 귀족들과 관리들과 나머지 백성들에게 더 이상 두려움을 보지 말고 살아 계신 하나님을 바라보게 합니다. 두려움을 보게 되면 두려움에 빨려 들어가게 되기 때문입니다.

둘째, 형제들이나 자녀들이나 아내와 가정을 위해서 싸우라는 것입니다. 세상에서 제일 무책임한 사람은 자기 가정을 지키지 않는 사람입니다. 자기 가정을 버리고 마음대로 사는 사람은 참 불쌍한 사람입니다. 그 사람이 병들거나 나이 들면 누가 옆에 있어 주겠습니까?

느헤미야가 선언합니다. "우리는 이미 그들의 전략을 알고 있습니다. 하나님도 악인의 계획을 꺾으셨다는 것을 알고 있습니다." 그는 백성들의 감정을 선동하기보다는 하나님이 이미 적들을 꺾으셨다는 사실을 선포했습니다.

그렇습니다. 마귀는 이미 졌고, 예수님이 승리하셨습니다. 더 이상 우리는 마귀를 두려워할 필요가 없습니다. 마귀는 종이호랑이에 불과합니다. 우리가 믿음으로 나가면 마귀는 우리를 피할 것입니다. 그런데 요즘 그리스도인들의 비극은 세상을 보고 두려워한다는 것입니다. 자신의 처지를 비관하며 세상의 힘과 논리에 기죽고 사는 것입니다. 하지만 우리는 이미 세상을 이긴 사람들입니다. 바로 예수님이 세상을 이기셨기 때문입니다.

우리의 대적이 우리가 그들의 의도를 눈치챘다 함을 들으니라 하나님이 그들의 꾀를 폐하셨으므로 우리가 다 성에 돌아와서 각각 일하였는데(느 4:15).

이스라엘 백성들은 느헤미야의 말을 듣고 다시 성벽을 쌓는 데 집중했습니다. 하나님이 함께하시며 이미 적들을 꺾으시고 승리하셨다는 느헤미야의 말에 힘을 얻은 것입니다. 또한 그들은 지켜

야 할 가정이 있었습니다. 소중한 가정을 지키기 위해 못할 일이
없는 것입니다.

하나님이 우리를 위해 싸우실 것이라는 확신

> 그때로부터 내 수하 사람들의 절반은 일하고 절반은 갑옷을 입고 창
> 과 방패와 활을 가졌고 민장은 유다 온 족속의 뒤에 있었으며(느 4:16).

사람들 중에 절반은 일하고, 절반은 단단히 무장하여 원수들을
대적할 준비를 했습니다. 이미 그들의 얼굴에는 두려움이 사라지
고, 승리의 기쁨으로 가득 찼습니다. 이렇듯 기가 살면 모든 일이
잘 풀리고, 기가 죽으면 될 일도 안 됩니다. 세상에서는 '기'라고
말하는 것을 성경에서는 '성령'이라고 말합니다. 성령이 내 안에
충만하면 모든 것이 다 쉬워 보이고 모든 것이 내 발 아래 있는 것
처럼 느껴집니다.

절반은 성벽을 쌓고 절반은 갑옷과 창과 방패와 활을 가지고 반
대자들의 공격에 대비하고 있는 모습을 상상해 보십시오. 얼마나
신이 나고 흥분되고 긴장감이 도는 분위기입니까? 하늘을 찌를 듯
한 기백이 그들 가운데 흘러넘치고 있었습니다.

성을 건축하는 자와 짐을 나르는 자는 다 각각 한 손으로 일을 하며 한 손에는 병기를 잡았는데 건축하는 자는 각각 허리에 칼을 차고 건축하며 나팔 부는 자는 내 곁에 섰었느니라(느 4:17-18).

1982년에 있었던 포클랜드 전쟁(Falklands War)은 영국과 아르헨티나의 싸움이었습니다. 그 당시 큰 배의 선장이 예수를 잘 믿는 사람이었습니다. 그의 한 손에는 지휘봉이 있었고, 또 다른 손에는 성경책이 있었습니다. 그는 그 상태로 싸웠습니다. 두려움이 오면 성경을 붙들고 기도하여 결국 전쟁을 승리로 이끌었습니다.

말씀을 보면 한 사람도 예외 없이 성벽 공사하는 데 참여했습니다. 그런데 딱 한 사람만 이 일에 참여하지 않았습니다. 그는 바로 나팔수입니다. 느헤미야는 나팔수를 꼭 데리고 다녔습니다. 성벽이 하도 커서 서로가 멀리 떨어져 있고 적들이 어디로 공격해 올지 가늠하기 힘드니, 적들이 보이기만 하면 나팔수가 나팔을 불어 신호를 보내는 것입니다. 그러면 각자 흩어져 일하던 사람들이 한곳에 모이게 됩니다.

내가 귀족들과 민장들과 남은 백성에게 이르기를 이 공사는 크고 넓으므로 우리가 성에서 떨어져 거리가 먼즉 너희는 어디서든지 나팔 소리를 듣거든 그리로 모여서 우리에게로 나아오라 우리 하나님이 우리를 위하여 싸우시리라 하였느니라(느 4:19-20).

우리 자신은 사탄의 세력과 싸워 이길 수 없습니다. 그러나 하나님이 싸우시면 반드시 마귀는 울며 통곡하며 떠날 것입니다. 한 길로 왔다가 일곱 길로 도망가 버리는 것입니다. 하나님이 우리를 위해 싸우실 것이라는 것이 느헤미야의 믿음이요, 신앙이요, 확신이었습니다.

우리가 하는 일은 우리의 일이 아니라 하나님의 일임을 확신하십시오. 나의 직장 일이 하나님의 일이라 생각하고 임하면 나중에 사람들이 알아볼 것입니다. 우리가 하는 일에는 하나님이 함께하셔서 도우시고 우리를 대신해 싸워 주실 것입니다. 이런 믿음이 있어야 어떤 일이든지 자신감이 생기게 됩니다.

이리하여 이스라엘 백성들은 하나님을 향한 믿음을 갖고 동틀 때부터 별이 뜰 때까지 쉬지 않고 최선을 다해 성벽을 건축했습니다.

우리가 이같이 공사하는데 무리의 절반은 동틀 때부터 별이 나기까지 창을 잡았으며(느 4:21).

그들은 한 손에는 곡괭이와 삽을, 다른 한 손에는 활과 창을 들고 건축했습니다. 아침에 해가 뜨고, 밤에 별이 뜰 때까지 최선을 다해 싸웠습니다. 그런데 성벽을 쌓는 52일 동안 그들은 무엇을 먹고 살았을까요? 사실 그들은 생계를 유지하는 것에 관심을 가질 수가 없었습니다. 한시가 급했던 것입니다. 하나님의 일을 하는 사람들을 가만히 보면 생계 걱정하는 이가 없습니다. 그 걱정에 휩싸이면 하나님의 일을 하지 못합니다.

제 누이동생 남편이 치과 의사였는데, 그동안 잘 운영하던 병원을 접고 어느 날 갑자기 중국 조선족 선교를 하러 떠났습니다. 갑작스런 결정에 가족들은 걱정이 앞섰지만 그의 마음은 조금도 흔들리지 않았습니다. 하나님이 다 해결해 주실 거라고 확신했습니다. 그리고 정말 하나님이 어려운 일들을 신비로운 방법으로 해결해 주셨습니다.

모든 걱정을 내려놓고 하나님께 맡기면 하나님이 우리의 생계를 책임지십니다. 우리는 우리에게 주어진 하나님의 일에 집중하면 됩니다.

하나님의 일을 위해 먼저 헌신하다

그때에 내가 또 백성에게 말하기를 사람마다 그 종자와 함께 예루살렘 안에서 잘지니 밤에는 우리를 위하여 파수하겠고 낮에는 일하리라 하고 나나 내 형제들이나 종자들이나 나를 따라 파수하는 사람들이나 우리가 다 우리의 옷을 벗지 아니하였으며 물을 길으러 갈 때에도 각각 병기를 잡았느니라(느 4:22-23).

이 말씀을 통해 우리는 하나님의 일을 하는 리더십을 배우게 됩니다. 리더는 리더십만 있어서는 안 됩니다. 자신을 따르는 무리들, 즉 팔로워(follower)들이 있어야 합니다. 느헤미야는 자신을 따르는 사람들에게 "각 사람과 부하들은 밤에 예루살렘 안에서 지내면서(예루살렘을 공격할 수 있으니까) 경비를 서고 낮에는 일꾼이 되십시오"라고 말합니다.

여기서 우리는 따르는 사람들의 헌신을 보아야 합니다. "이에 예수께서 제자들에게 이르시되 누구든지 나를 따라오려거든 자기를 부인하고 자기 십자가를 지고 나를 따를 것이니라"(마 16:24)는 말씀처럼 하나님의 일은 헌신 없이 만들어지지 않습니다. 우리는 자신을 내세우지 말고, 자기주장을 내세우지 말고, 자기를 부인하며, 자기가 져야 할 십자가를 직접 져야 합니다.

내가 그리스도와 함께 십자가에 못 박혔나니 그런즉 이제는 내가 사는 것이 아니요 오직 내 안에 그리스도께서 사시는 것이라 이제 내가 육체 가운데 사는 것은 나를 사랑하사 나를 위하여 자기 자신을 버리신 하나님의 아들을 믿는 믿음 안에서 사는 것이라(갈 2:20).

우리는 한 알의 밀알이 되어서 죽어야 합니다. 희생하고 헌신해야 합니다. 우리 인생을 책임져 주실 분은 하나님이십니다.

내가 진실로 진실로 너희에게 이르노니 한 알의 밀이 땅에 떨어져 죽지 아니하면 한 알 그대로 있고 죽으면 많은 열매를 맺느니라(요 12:24).

그러면 지도자는 무엇을 해야 할까요? 솔선수범을 보여야 합니다. 느헤미야가 말하기를 "나도 내 형제도 내 부하도 나와 함께 경비하는 사람도 옷을 벗지 않았고 각자 무기를 갖고 있었으며 심지어 물 마시러 갈 때도 그렇게 했다"고 했습니다. 지도자부터 팔을 걷어붙이고 같이했다는 말입니다. 지도자는 말만 하는 사람이 아니라 솔선수범하는 사람입니다. 골리앗을 이긴 다윗을 보면 그것을 잘 알 수 있습니다. 다윗이 골리앗과 맞설 때 이렇게 외쳤습니다.

다윗이 블레셋 사람에게 이르되 너는 칼과 창과 단창으로 내게 나아오거니와 나는 만군의 여호와의 이름 곧 네가 모욕하는 이스라엘 군대의 하나님의 이름으로 네게 나아가노라(삼상 17:45).

다윗은 골리앗과 비교했을 때 키도, 몸집도 상대가 되지 않았습니다. 상황적으로 볼 때 이스라엘이 분명히 패할 수밖에 없었습니다. 하지만 어린 다윗이 책임을 지고 전쟁터 한복판에 나아가 육척 장신인 골리앗을 향해 소리를 지릅니다. "나는 만군의 여호와의 이름으로 네게 나간다!" 그리고 마침내 골리앗을 죽이고 그의 목을 베었습니다.

리더의 솔선수범은 매우 중요합니다. 지도자의 비전과 믿음 또한 중요합니다. 백성들과 함께 밤을 새며 옷을 갈아입지 않고 물도 먹으러 가지 않고 성벽을 쌓은 느헤미야. 이와 같은 지도자가 있었기 때문에 그들은 무사히 성벽을 쌓을 수 있었습니다.

오늘날 우리 시대에는 느헤미야와 같은 지도자가 필요합니다. 목숨을 걸면 안 될 것이 없습니다. 우리가 아무리 부족해도 하나님은 기적을 만드시는 분입니다. 우리는 이러한 마음을 가지고 하나님의 일에 도전해야 합니다. 하나님의 일에 참여하면 우리 인생에 감당할 수 없는 축복들이 가득해질 것입니다.

제가 교회를 시작할 때는 열두 가정이었습니다. 그때는 이렇게 큰 교회를 이룰 줄은 꿈에도 생각을 못했습니다. 저는 단지 매 순간마다 예수님이 제일 좋아하실 만한 일들만 골라서 했습니다. 교파도 교단도 저에게는 중요하지 않았습니다. 사람도 체면도 저에게는 중요하지 않았습니다. 그저 '예수님이 어떤 것을 좋아하실까? 어떤 교회를 좋아하실까?'만 생각했습니다. 그러다가 여기까지 온 것입니다.

자신을 희생시키고 헌신하며 따지지 않고 솔선수범할 때 하나님이 우리 인생을 책임져 주실 것입니다.

7

때로는
거룩한 분노가 필요합니다

느헤미야 5:1-19

비전과 현실 사이의 갈등

세상에 태어나서 할 일 없는 사람처럼 불쌍한 사람은 없습니다. 단순히 직업이 없는 것을 떠나서 자기 인생에서 할 일과 목표가 없는 사람은 정말 불행한 존재입니다. 비전이 없으면 하나님의 일을 못합니다. 믿음이 없으면 하나님의 일을 못합니다. 우리에게 희망이 없고 천국이 없으면 하나님의 일을 하지 못합니다.

그런데 느헤미야에게는 믿음과 비전이 있었습니다. 그래서 성을 열심히 쌓았습니다. 뒤돌아보지 않고 자신이 처한 환경을 생각하지 않고, 외부 세력의 공격에도 두려워하지 않았습니다. 외부 세력의 공격은 생각보다 심했습니다. 산발랏과 도비야, 동조하는 사마리아 세력들과 아라비아 사람들, 암몬 사람들과 아스돗 사람들이 계속해서 공격의 고삐를 늦추지 않았습니다. 이렇듯 외부 사람의 공격이 빗발쳤지만 느헤미야는 비전과 희망과 믿음이 있었기에 두려워하지 않았습니다.

사실 인생의 짐이란 늘 무겁게 느껴집니다. 인생에서 어려움이 없는 사람은 없습니다. 그런데 믿음이 있으면 어려움이 어려움으로 다가오지 않습니다. 믿음이 없을 때 그 어려움이 더 크게 느껴지는 법입니다. 우리가 인생의 고난과 피곤함과 외로움을 이길 수 있는 방법은 믿음뿐입니다. 마음에 하나님이 계시면 이런 것들은 쉽게 넘어갈 수 있습니다.

느헤미야는 힘이 들 때 꼭 기도했습니다. 하나님은 우리에게 이 세상이 감당하지 못하는 무기를 주셨습니다. 그것이 바로 기도입니다. 외롭고 힘들고 슬프고 억울하면 하나님 앞에 무릎 꿇고 기도해야 합니다. 느헤미야가 그랬습니다. 그리고 사람들이 기운 없어 하면 그들을 격려해 주었습니다. "하나님께서 이 전쟁을 우리 손에 붙이셨습니다. 나도 이 성벽을 복구하는 데 앞장설 것입니다" 라고 말입니다.

외부 세력의 공격이 심할수록 믿음도 커지는 법입니다. 그런데 외부 세력보다 더 심각한 공격은 내부 세력의 원망과 불평입니다. 이스라엘 백성들이 애굽 땅을 탈출해서 홍해를 건너고 가나안 땅으로 가려 했을 때 그들의 발목을 잡은 것이 원망과 불평이었습니다. 그것을 조금만 일찍 끝냈으면 그렇게 고생을 안 했을지도 모릅니다. 40년 동안 그들의 주제곡은 원망과 불평이었습니다. 그리하여 하나님은 아직 그들이 젖과 꿀이 흐르는 가나안 땅에 들어갈 때가 아니라고 보신 것입니다.

어쩌면 우리 가운데도 하나님이 뱅뱅 돌리고 있는 이들이 있을지 모릅니다. '왜 하나님이 나를 항상 원점으로 돌려보내실까?'를 생각해 보십시오. 열심히 했는데 손에 쥐는 건 없고 열심히 뛰었는데 앞이 보이지 않습니다. 그것은 우리 안에 있는 원망과 불평 때문입니다. 가장 무서운 세력은 외부의 공격이 아니라 내부에서 일어나고 있는 원망과 불평의 소리입니다.

가장 무서운 적은 나 자신입니다. 사탄이 무서운 것이 아닙니다. 사탄은 믿음과 기도와 말씀과 성령으로 쫓아낼 수 있습니다. 그런데 나 자신은 이기기가 힘듭니다. 누구나 자기 자신에게는 관대합니다. 그래서 늘 변명하고 '하나님도 이런 나를 이해하실 거야'라고 생각하며 슬그머니 넘어갑니다. 이럴 때 바로 위기가 찾아옵니다.

그렇다면 이스라엘 백성들의 원망과 불평은 어디서 비롯된 것이었을까요? 겉으로 보면 외부의 공격보다 심하지도 중요하지도 않은 것 같지만 이것이 그들의 결정적 문제가 됨을 알 수 있습니다.

> 그때에 백성들이 그들의 아내와 함께 크게 부르짖어 그들의 형제인 유다 사람들을 원망하는데 어떤 사람은 말하기를 우리와 우리 자녀가 많으니 양식을 얻어먹고 살아야 하겠다 하고 어떤 사람은 말하기를 우리가 밭과 포도원과 집이라도 저당 잡히고 이 흉년에 곡식을 얻자 하고 어떤 사람은 말하기를 우리는 밭과 포도원으로 돈을 빚내서 왕에게 세금을 바쳤도다 우리 육체도 우리 형제의 육체와 같고 우리 자녀도 그들의 자녀와 같거늘 이제 우리 자녀를 종으로 파는도다 우리 딸 중에 벌써 종된 자가 있고 우리의 밭과 포도원이 이미 남의 것이 되었으나 우리에게는 아무런 힘이 없도다 하더라(느 5:1-5).

본문 말씀을 보면 지금 이스라엘 백성들 가운데 매우 현실적인 문제가 발생하고 있음을 알게 됩니다. 1절을 보면 백성들이 아내와 다투기 시작합니다. 바깥일을 하는 남자들은 비전으로 살지만, 아내들은 현실 속에서 삽니다. 당장 먹을 양식이 없으면 아내는 남편을 붙들고 걱정하고 원망을 합니다. "여보, 아이들 먹일 양식도 없어요." 그러면 남편들은 지금이 어느 때인데 그런 말을 하느냐며 배고파도 좀 참으라고 말합니다. 여기서 부부 사이에 다툼이 일어나게 됩니다.

현재 그들은 모든 재산을 저당 잡힌 채 52일 동안 성벽 재건에 힘을 쏟고 있습니다. 그러니 그 기간 동안 남편들은 당연히 돈을 벌 수가 없는 것입니다. 그렇다고 양식이 하늘에서 뚝 떨어지는 것도 아니니 아내들도 안달이 날 수밖에 없는 상황입니다. 그 당시 이스라엘 백성들은 이방인들에게 돈을 빌려 주고 이자를 받는 것까지는 괜찮은데, 같은 동족끼리는 돈을 빌려 주면서 이자를 받지는 못하게 되어 있었습니다. 율법에 저촉되는 행동이었던 것입니다.

그런데 생활이 너무나 어려워지니까, 돈 있는 사람들과 돈 없는 사람들 사이에 간극이 생기기 시작했습니다. 돈 많은 상류층 사람들은 돈을 빌려 주는 대신 이자를 내거나 저당을 잡히라고 합니다. 그러면 서민들은 집까지 저당 잡히고 이자도 물면서 생활비를 빌렸습니다. 너무나 상황이 어려워서 자녀들이 종으로 팔려 가게 되는 지경에까지 이르렀습니다. 점차 상황이 악화되자 점점 백성들의 원망과 불만이 터져 나왔습니다.

느헤미야의 거룩한 분노

같은 동족끼리 돈을 빌려 주고 이자를 내거나 저당을 잡히라는 요구를 한다는 이야기를 전해 들은 느헤미야는 몹시 화를 냈습니다. 그의 마음속에 거룩한 분노가 터지기 시작한 것입니다.

내가 백성의 부르짖음과 이런 말을 듣고 크게 노하였으나(느 5:6).

분노에는 두 가지가 있습니다. 하나님의 분노와 사람의 분노입니다. 정의라는 것도 인간적인 관점에서 보는 정의가 있고, 하나님이 보는 정의가 있습니다. 성경에서 말하는 정의는 하나님의 관점에서 보는 정의입니다.

예수님이 성전에서 장사한 무리들을 보시고 상을 뒤엎고 채찍을 휘두르시면서 "하나님의 집을 장사하는 집으로 만들지 말라"고 말씀하신 것을 기억할 것입니다. 그것은 거룩한 분노입니다. 하나님이 오죽하셨으면 노아 시대 때 홍수를 일으키셨겠습니까? 하나님이 오죽하셨으면 소돔과 고모라를 유황불로 심판하셨겠습니까? 하나님이 오죽하셨으면 니느웨 성을 멸하시겠다고 말씀하셨겠습니까? 하나님의 분노는 결국 심판으로 이어집니다.

화가 난 느헤미야를 보면서 우리는 이 점을 유의해야 합니다. 그는 인간적인 분노를 표출하지 않았습니다. 우리는 분노하면 일단 모여서 데모를 하고 소리를 지릅니다. 하지만 느헤미야는 달랐습니다.

> 깊이 생각하고 귀족들과 민장들을 꾸짖어 그들에게 이르기를 너희가 각기 형제에게 높은 이자를 취하는도다 하고 대회를 열고 그들을 쳐서 그들에게 이르기를 우리는 이방인의 손에 팔린 우리 형제 유다 사람들을 우리의 힘을 다하여 도로 찾았거늘 너희는 너희 형제를 팔고자 하느냐 더구나 우리의 손에 팔리게 하겠느냐 하매 그들이 잠잠하여 말이 없기로(느 5:7-8).

느헤미야는 화가 났지만 곰곰이 생각했습니다. 여기서 곰곰이 생각했다는 것은 기도했다는 의미입니다. 그가 하나님께 "이 일을 어떻게 처리하면 좋습니까?" 하고 여쭤본 것입니다. 그리고 결론을 내렸습니다. 그것은 백성들의 잘못이 아니라 관리인들과 귀족들로 이루어진 상류층의 잘못이었습니다. 그들이 자신들의 부와 권력을 이용해 백성들을 착취했기 때문에 이런 일이 벌어진 것입니다.

그래서 느헤미야는 기도하고 준비한 후 귀족들과 관리인들을 야단쳤습니다. 이렇게 기도로 준비하고 하는 이야기에는 반항을 하지 못합니다. 누구든 순종하게 되어 있습니다. 이것이 바로 영적 권위입니다. 영적 권위가 없으면 사람들이 순종하고 따르지 않습니다.

느헤미야는 곰곰이 생각한 후에 귀족들과 관리들을 불러 자기 형제들에게 폭리를 취하는 행동을 꾸짖었습니다. 그러자 관리들과 귀족들은 할 말이 없었습니다. 그것은 율법을 어기는 행동이었기 때문입니다.

느헤미야는 큰 집회를 열었습니다. 공개적으로 이 일을 비판하고 말하기 시작했습니다. "우리는 이방 민족들에게 팔려 갔던 우리 유다의 형제들을 힘닿는 대로 속량해 오지 않았소. 이스라엘 백성들이 바벨론 포로로 잡혔을 때 우리는 우리 집에 있는 모든 돈을 모아서 우리 형제들을 구해 왔소. 그런데 지금 당신들은 바벨론이 한 짓을 그대로 하고 있소."

느헤미야가 화가 난 대상은 서민들이 아니라 귀족들이었습니다. 자기 직책과 기득권을 사용해서 폭리를 취하고 있던 그들을 향해 분노했습니다. 그리고 과거 바벨론 포로로 잡혔을 때 얼마나 심각한 문제가 있었는지를 다시 한번 돌이켜 보았습니다. 모두 다 하나님의 백성인데 누구는 주인이 되고, 누구는 종이 되는 것이 말이 됩니까? 아닙니다. 느헤미야는 바로 그 잘못을 귀족과 관리들에게 일깨워 주었습니다.

요즈음도 느헤미야 시대와 크게 다를 바가 없습니다. 지금도 부자들은 어떤 재해나 경제 위기 가운데서도 큰 불편함 없이 삽니다. 오히려 당하는 사람들은 서민들입니다. 고리대금업자들은 높은 이자로 서민들에게 돈을 빌려 줍니다. 그래서 결국 원금은 고사하고 엄청나게 쌓인 이자 때문에 자살을 택합니다. 이 세상에는 돈 없는 가난한 사람들을 괴롭히며 그들의 인생을 저당 잡아 돈을 버는 사람들이 있습니다. 그래서 돈 있는 사람은 더 많은 돈을 벌게 되고, 돈 없는 사람들은 아무리 발버둥 처도 돈을 벌지 못한 채 비관하며 삽니다. 그렇다면 이러한 책임은 과연 누구에게 있을까요? 당연히 돈 있는 사람들입니다.

느헤미야도 이 점을 지적하고 있습니다. 이러한 지적은 사실 쉽지 않은 일입니다. 세상의 권력을 유지하는 것이 돈이기 때문입니다. 돈 있는 사람들을 보호해 주지 않으면 권력 또한 무너지게 되어 있습니다. 그래서 이 세상은 돈과 권력이 손을 잡은 악순환의 구조가 반복되는 것입니다. 하지만 느헤미야는 이런 정치적 현실을 알면서도 자기 정치 생명을 내놓고 이야기하기 시작합니다.

하나님의 정의를 실현하라

내가 또 이르기를 너희의 소행이 좋지 못하도다 우리의 대적 이방 사람의 비방을 생각하고 우리 하나님을 경외하는 가운데 행할 것이 아니냐(느 5:9).

느헤미야는 가난한 자들의 눈물을 빼지 않게 하는 것이 하나님의 정의를 실현하는 것이라고 말합니다. 하나님을 경외하는 삶이란 무엇일까요? 기도 많이 하고, 헌금 많이 내는 것이 경외하는 삶일까요? 아닙니다. 내 주변의 가난한 사람들, 어려운 사람들, 병든 사람들을 도와주는 것이 경외하는 삶입니다.

> 네가 만일 너와 함께한 내 백성 중에서 가난한 자에게 돈을 꾸어 주면 너는 그에게 채권자같이 하지 말며 이자를 받지 말 것이며(출 22:25).

> 네 형제가 가난하게 되어 빈손으로 네 곁에 있거든 너는 그를 도와 거류민이나 동거인처럼 너와 함께 생활하게 하되(레 25:35).

앞의 두 말씀을 보면 가난한 사람을 외면하지 말라는 이야기가 나옵니다. 그들과 같이 먹고 살아야 한다는 것입니다. 제가 한번은 이스라엘 여행을 간 적이 있었습니다. 그때 여행 가이드가 영국계 유대인이었는데, 아주 똑똑하게 생긴 청년이었습니다. 저는 그 청년의 이야기가 아직도 인상 깊이 남아 있습니다.

그 청년은 세계에서 아마 유대인들이 세금을 제일 많이 낼 것이라고 말했습니다. 해외여행을 해 보면 알지만 아주 가난한 아이들이 수십 명씩 다니면서 옷자락을 붙들고 1달러만 달라고 조릅니다. 그런데 그 아이들 중에 유대인은 없다고 했습니다. 어떻게 그럴 수 있느냐고 물으니, 유대인 사회는 거지를 용납하지 않는다는 것입니다. 모두 주변에서 먹여 살린다는 것입니다.

저는 그때 '아, 저들이 과연 하나님께 복 받은 민족이구나' 하고 느꼈습니다. 그 사회에 장애인이나 거지가 있으면 돈 있는 사람들이 어떻게 해서든지 먹여 살려서 굶게 안 한다는 것. 우리 모두 마음속에 되새길 이야기입니다.

이어서 말씀을 보면 어떤 종류의 이자도 받지 말고 하나님을 경외하라고 했습니다. 이자를 안 받는 것은 하나님을 경외하는 일입니다. 옛날 1800년대에 경주에 최씨 부자가 있었습니다. 그는 자신의 집에서 사방 100리까지 굶어 죽는 사람이 있으면 안 된다고 입버릇처럼 말했습니다. 그래서 경주 최씨 집안은 300년 동안 대가 끊어지지 않고 번창했습니다.

느헤미야 역시 "가난한 자들과 함께 살라. 그들을 도와주면서 살라. 이자를 받지 말라. 그들을 착취하지 말라. 힘없는 사람을 도와주라"고 말합니다. 여기서 우리는 느헤미야의 비전이 점점 발전되는 것을 볼 수 있습니다. 처음에는 성벽 짓는 것에서 시작하여 이제는 공정한 사회가 되도록 개혁하고 있습니다.

그다음에는 무엇으로 이어져야 할까요? 바로 종교 개혁입니다. 어느 사회든 종교가 썩으면 사회가 부패하고 경제가 망하게 되어 있습니다. 다시 살아나는 방법은 교회가 정직해지고 정의를 행하는 것입니다. 교회가 가난한 자와 불행한 자들을 돌보는 일을 해야 하는 것입니다. 이것이 하나님의 정의입니다.

> 타국인에게 네가 꾸어 주면 이자를 받아도 되거니와 네 형제에게
> 꾸어 주거든 이자를 받지 말라 그리하면 네 하나님 여호와께서 네
> 가 들어가서 차지할 땅에서 네 손으로 하는 범사에 복을 내리시리
> 라(신 23:20).

저는 모든 사람들이 복을 받기를 바랍니다. 복은 하나님이 주셔
야 복입니다. 내가 만든 복은 진정한 복이 아닙니다. 아무리 손으
로 움켜쥐어도 모래는 손가락 사이로 다 샙니다. 인간이 만든 복
또한 그렇습니다. 하나님이 만든 복이야말로 영원한 것입니다.

정치란 권력의 중심으로 움직입니다. 권력이란 돈과 명예를 중
심으로 움직입니다. 지도층이란 권력과 돈과 명예를 중심으로 만
들어져 있습니다. 교회가 조심해야 할 것은 교회가 커지면 무슨 일
을 하더라도 겸손하게 해야 한다는 것입니다. 그래야 작은 교회들
이 살아납니다. 절대 내세우지 말고 조심히 일해야 합니다.

요즈음 우리나라에서 외치는 화두가 공의로운 사회입니다. 이
일을 행하는 것은 서민이 아니라 지도층입니다. 공의로운 사회라
는 슬로건은 리더들이 스스로 족쇄를 채우는 것입니다. 그만큼 이
일이 어렵고 힘든 것입니다. 그래도 하나님이 기뻐하시므로 우리
는 그 일을 해야 합니다.

자신의 권리를 내려놓는 리더십

놀라운 사실은 느헤미야가 불편한 진실을 어렵게 이야기하자 이스라엘 귀족들이 그의 말을 따르고 받아들였다는 것입니다. 이것이 느헤미야의 리더십이요 영적 권위입니다. 우리는 다음의 말씀에서 영적 리더십의 핵심 가치를 확인할 수 있습니다.

> 그들이 말하기를 우리가 당신의 말씀대로 행하여 돌려보내고 그들에게서 아무것도 요구하지 아니하리이다 하기로 내가 제사장들을 불러 그들에게 그 말대로 행하겠다고 맹세하게 하고 내가 옷자락을 털며 이르기를 이 말대로 행하지 아니하는 자는 모두 하나님이 또한 이와 같이 그 집과 산업에서 털어 버리실지니 그는 곧 이렇게 털려서 빈손이 될지로다 하매 회중이 다 아멘 하고 여호와를 찬송하고 백성들이 그 말한 대로 행하였느니라(느 5:12-13).

느헤미야는 자기 주머니를 털어 보이면서 "너희 돈은 다 없어질 것이다. 너희의 부는 다 없어질 것이다. 하나님이 빈털터리가 되게 만드실 것이다. 그러나 가난한 자를 돕고, 병든 자를 돕고, 약자들을 도와주는 사람은 세월이 흘러갈수록 부유해질 것이다"라고 선언합니다.

말씀 가운데 드러나는 느헤미야의 리더십은 기도의 리더십이요, 비전의 리더십이요, 솔선수범의 리더십이요, 겸손의 리더십입니다. 그 리더십에 감동하여 사람들이 따르고 순종하고 진심으로 지도자를 존경하게 됩니다. 이러한 팔로워십이 생기지 않으면 리더십은 아무런 의미가 없습니다.

이제 느헤미야가 자신의 이야기를 꺼냅니다.

> 또한 유다 땅 총독으로 세움을 받은 때 곧 아닥사스다 왕 제이십 년
> 부터 제삼십이 년까지 십이 년 동안은 나와 내 형제들이 총독의 녹
> 을 먹지 아니하였느니라(느 5:14).

그는 12년 동안 권력의 중심에 있었지만, 월급을 받지 않았습니다. 저도 횃불트리니티신학대 총장으로 있을 때 학교가 어려워서 총장 월급을 받지 않았습니다. 우리는 하나님을 위해 사는 것이지 수고한 대가를 받는 것이 아닙니다.

> 나보다 먼저 있었던 총독들은 백성에게서, 양식과 포도주와 또 은 사
> 십 세겔을 그들에게서 빼앗았고 또한 그들의 종자들도 백성을 압제하
> 였으나 나는 하나님을 경외하므로 이같이 행하지 아니하고(느 5:15).

월급도 받지 않은 느헤미야와 반대로 과거의 총독들은 자기 몫을 다 받고 심지어 더 받기까지 했습니다. 그리하여 그 총독 밑에 있는 부하들도 똑같이 백성들을 착취한 것입니다. 그런데 느헤미

야가 솔선수범하여 월급을 받지 않자 그 아래서 일하는 사람들도 더 이상 욕심을 내지 않게 되었습니다.

과거의 총독이 행한 일은 요즘 행해지는 관행과도 같습니다. 우리는 과거의 관행이라는 이름으로 그 일이 잘못된 것인 줄 알면서도 계속 행합니다. 그러나 관행을 깨지 않으면 개혁은 일어나지 않습니다. 어느 사회나 어느 종교 집단이나 마찬가지입니다. 관행을 깨야 합니다. 그런데 그것은 자기 발에 도끼를 찍는 일과 같이 어렵습니다.

> 도리어 이 성벽 공사에 힘을 다하며 땅을 사지 아니하였고 내 모든 종자들도 모여서 일을 하였으며 또 내 상에는 유다 사람들과 민장들 백오십 명이 있고 그 외에도 우리 주위에 있는 이방 족속들 중에서 우리에게 나아온 자들이 있었는데 매일 나를 위하여 소 한 마리와 살진 양 여섯 마리를 준비하며 닭도 많이 준비하고 열흘에 한 번씩은 각종 포도주를 갖추었나니 비록 이같이 하였을지라도 내가 총독의 녹을 요구하지 아니하였음은 이 백성의 부역이 중함이었더라 (느 5:16-18).

참 눈물 나는 이야기입니다. 느헤미야는 성벽 건축에 힘을 쏟으면서, 어려운 백성들을 위해 자신이 응당 누려야 할 권리를 일부러 누리지 않았습니다. 그러니 느헤미야 자신도 얼마나 어려웠겠습니까? 외국에서 손님이 오면 대접도 해야 하고, 자기 부하들도 보살펴야 했지만 그는 자기에게 정당하게 주어진 음식조차 요구하지 않았습니다. 이것이 고도의 절제요, 청빈이요, 모범의 리더십입니다. 저는 우리나라가 이런 리더십으로 가득 차기를 바랍니다. 그래야만 하나님의 축복이 임하게 되는 것입니다.

> 내 하나님이여 내가 이 백성을 위하여 행한 모든 일을 기억하사 내게 은혜를 베푸시옵소서(느 5:19).

느헤미야가 마지막으로 쓴소리를 하고 나서 마지막에 한 기도는 "은혜를 베풀어 주옵소서. 하나님, 도와주시옵소서"였습니다. 개혁은 갑자기 일어나는 것이 아니라 서서히 일어납니다. 그런데 그 개혁은 끊임없이 일어나야 하는 것입니다. 이러한 개혁으로 교회가 투명해지고 모범을 보일 때 세상 사람들이 교회를 존경하고 교회로 몰려올 것입니다. 여기에 부흥의 비결이 있습니다. 여기에 교회의 존재 이유가 있습니다.

8

제가 흔들리지 않게
해 주십시오

느헤미야 6:1-19

52일 만에 세워진 성벽

성벽 역사가 오십이 일 만인 엘룰월 이십오일에 끝나매(느 6:15).

드디어 성벽 건축이 52일 만에 끝났습니다. 그때가 엘룰월 25일
입니다. '엘룰'은 요즘으로 말하면 8-9월 건기입니다. 이스라엘에
가 본 사람은 알겠지만, 건기 때는 날씨가 무척이나 덥습니다. 40도
이상 되는 날씨가 계속되어 걷거나 숨쉬기가 어려울 정도입니다.
이런 날씨에도 불구하고 이스라엘 백성들은 52일 만에 성벽을 완
성합니다. 성벽을 이루는 돌덩이 또한 엄청나게 크고 무겁습니다.
그 돌을 옮겨 다듬고 쌓는 일은 상상 이상으로 힘든 것입니다.

그런데 그들은 해냈습니다. 성벽의 길이가 약 3킬로미터 정도
되는데, 여기에 참여한 모든 사람들이 목숨을 걸고 성전을 건축한
것이나 진배없습니다. 이렇게 할 수 있었던 것은 하나님이 함께하
신다는 희망과 비전이 있었기 때문입니다.

인생 건축 역시 마찬가지입니다. 목표가 없는 사람들은 아무 일
도 할 수 없습니다. 우리가 성령의 감동을 받고 예수님을 영접하면
비전이 생깁니다. 우리가 보기에 이룰 수 없는 것일지라도 하나님

은 그런 불가능한 일을 비전으로 주십니다. 그리고 그것을 이루게 하십니다.

긴 성벽을 52일 만에 복구하는 것이 가능했던 이유는 다음과 같습니다.

첫째는 하나님의 은혜입니다. 하나님의 은혜와 도움이 없었다면 그 일은 불가능한 것입니다. 우리가 인생을 살면서 내 힘으로 안 되는 일을 이루었다면 그것은 하나님이 해 주신 것입니다. 그 원리를 깨닫는다면 우리 인생에는 하나님의 기적이 계속 일어날 것입니다.

둘째는 느헤미야의 기도와 믿음과 비전입니다. 어떤 큰일도 비전을 가진 사람이 목숨을 걸고 일할 때 이루어집니다. 느헤미야가 하나님의 음성을 듣지 않고 기도도 하지 않고 비전을 바라보지 않았다면 성전 건축은 이루어지지 않았을 것입니다.

인간은 원래 과거 지향적입니다. 미래를 바라보기보다는 과거를 회상하며 두려움과 절망에 빠지고, 익숙한 것에 안주하려 합니다. 믿음이란 익숙한 것과 결별하는 것입니다.

셋째는 좋은 지도자와 함께 일하는 좋은 사람들입니다. 이스라엘 백성들은 느헤미야의 비전에 동조하고 헌신하며 열정을 바쳤습니다. 교회는 바로 이러한 열정 공동체가 되어야 합니다. 무엇이든 열정이 불타올라야 상식을 뛰어넘는 엄청난 일들이 일어나는 법입니다.

넷째는 반대자들의 박해와 음모입니다. 반대자가 없었다면 성벽도 완성하지 못했을 것입니다. 반대자가 있었기에 긴장하고, 파수꾼이 생기고, 밤새 성을 지킨 것입니다.

시편을 보면 "주님께서 내 앞에 원수를 두셨다"는 말씀이 나옵니다. 원수가 있기에 하나님이 크게 나타난다는 것입니다. 우리 옆에는 항상 불편한 사람이 있기 마련입니다.

학교에도 직장에도 나와 맞지 않는 사람이 꼭 한 명은 있습니다. 그런데 그런 사람한테 감사해야 합니다. 그 사람이 없다면 내 마음이 해이해지고 풀어질지 모르기 때문입니다. 우리를 괴롭히는 사람일수록 가까이 두십시오. 그 사람이 나로 하여금 성벽을 짓게 하는 동기부여가 될 것입니다.

하나님의 사건에는 언제나 반대와 음모가 있었습니다. 구약을 보면 하나님이 이스라엘 백성들을 약속의 땅으로 인도하기 위해 홍해를 건너게 하십니다. 그런데 홍해를 쉽게 건넌 것이 아닙니다. 바로 왕이 보내 주지 않아 열 번의 재앙을 하나씩 겪으며 결국 마지막 재앙 때에 겨우 홍해를 건널 수 있게 됩니다.

신약을 보아도 예수님이 하나님의 일을 하시기 전에 맨 처음 겪은 일이 시험받는 일이었습니다. 광야에서 사탄은 예수님에게 세 가지 시험을 던집니다. 첫째는 돌덩이를 떡으로 만들라는 육체적이고 물리적인 유혹이었고, 둘째는 높은 성전에 올라가 떨어지면 천사가 받아 줄 것이라는 정신적인 시험이었습니다. 마지막 시험은 자신한테 절을 하면 온 세상을 다 주겠다는 명예욕과 관련된 것이었습니다. 인간이라면 혹했을 그럴듯한 유혹들이었지만 예수님은 사탄의 속임수에 넘어가지 않고 하나님의 말씀으로 물리치셨습니다. 그때부터 기적이 일어나기 시작합니다. 앉은뱅이, 소경, 문둥병자 등 여러 병자들을 고치시는 사역이 시작된 것입니다.

오늘을 사는 우리도 마찬가지입니다. 사탄은 태초에 아담과 하와를 유혹했고, 예수님까지 뒤흔들어 놓으려고 했습니다. 그리고 여전히 지금도 우리를 다양한 방법으로 유혹합니다. 그런데 그리스도인으로서 하나님의 일을 하려면 사탄의 세력과 유혹을 발로 밟지 않고서는 어렵습니다. 우리는 강하게 사탄에게 대적해야 합니다.

성벽 복구에도 똑같은 공격이 있었습니다. 밖으로는 산발랏과 도비야를 중심으로 공격이 있었고, 안으로는 부패한 귀족들이 백성들에게 이자를 받고, 서민들이 포도원과 밭을 저당 잡히고, 아들과 딸들이 노예로 팔려 가 여기저기서 원망과 불평이 생겨났습니다. 그런데 느헤미야의 영적 리더십이 그들의 원망과 불평까지 잠재웠습니다. 그는 백성들이 아닌 지도자들을 야단쳤습니다.

평화를 위장한 적들

여러 위기를 넘긴 그들은 마침내 성벽 건축의 완성 단계에 이르게 되었습니다. 이때 적들이 공격의 방법을 바꿉니다.

산발랏과 도비야와 아라비아 사람 게셈과 그 나머지 우리의 원수들이 내가 성벽을 건축하여 허물어진 틈을 남기지 아니하였다 함을 들었는데 그때는 내가 아직 성문에 문짝을 달지 못한 때였더라 산발랏과 게셈이 내게 사람을 보내어 이르기를 오라 우리가 오노 평지 한 촌에서 서로 만나자 하니 실상은 나를 해하고자 함이었더라 내가 곧 그들에게 사자들을 보내어 이르기를 내가 이제 큰 역사를 하니 내려가지 못하겠노라 어찌하여 역사를 중지하게 하고 너희에게로 내려가겠느냐 하매 그들이 네 번이나 이같이 내게 사람을 보내되 나는 꼭 같이 대답하였더니(느 6:1-4).

느헤미야는 협상을 하자는 적들의 제안을 의심했습니다. 그것은 위장된 평화의 모습이었습니다. 그들은 느헤미야를 끌어내어 공사를 중지시키고 살해할 목적이었습니다. 느헤미야가 그것을 간파한 것입니다. "오노 평지"는 해변 도시 욥바 옆에 있는 곳으로 이스라엘에서 68킬로미터 떨어진 곳입니다. 그곳에 가게 되면 느헤미야가 언제 어떻게 공격당할지 알 수 없습니다. 공격자들은 항상 명분을 만듭니다. 느헤미야가 미안해하게끔 여러 차례 협상 제의를 합니다. 누구든 한두 번의 거절은 할 수 있지만, 네 번씩이나 거절하는 것은 미안함 때문에 주저하게 됩니다. 그런데 느헤미야의 마음은 확실했기에 속아 넘어가지 않았습니다. 그랬더니 다섯 번째 편지가 옵니다. 이것은 아주 교활한 심리전입니다.

산발랏이 다섯 번째는 그 종자의 손에 봉하지 않은 편지를 들려 내게 보냈는데 그 글에 이르기를 이방 중에도 소문이 있고 가스무도 말하기를 너와 유다 사람들이 모반하려 하여 성벽을 건축한다 하나니 네가 그 말과 같이 왕이 되려 하는도다 또 네가 선지자를 세워 예루살렘에서 너를 들어 선전하기를 유다에 왕이 있다 하게 하였으니 지금 이 말이 왕에게 들릴지라 그런즉 너는 이제 오라 함께 의논하자 하였기로(느 6:5-7).

다섯 번째 봉투는 봉인되지 않은 채 도착했습니다. 이는 일부러 소문을 퍼지게 하려는 수작이었습니다. 소문은 아주 무서운 공격 수단 중에 하나입니다. 소문은 멀쩡한 사람과 공동체를 한순간에 무너뜨립니다.

저는 오랫동안 목회하면서 여러 소문과 오해로 어려움을 당한 적이 있습니다. 세상은 한동대 일로 우리 교회를 뒤흔들기도 하고, 제가 저지르지도 않은 여러 일들을 마치 숨겨진 비리처럼 소문내어 제 마음을 쓰라리게 했습니다. 그때만큼 억울하고 힘들었던 적이 없었습니다. 검찰에 고발당했고 검찰청에도 몇 번을 끌려갔습니다. 그러나 결국 기소 무혐의로 풀려났습니다. 그리고 바로 미국의 바이올라대학에서 명예박사 학위를 받게 되었습니다. 그때 저는 '아, 하나님이 모든 것을 풀어 주시는구나'라고 생각했습니다. 그 기간 동안 제가 원망하고 불평했다면 그 고통이 더 오래 갔을 것입니다. 하지만 저는 하나님 앞에서 기도하는 것에만 힘쓰고 사람하고 싸우지 않았습니다.

산발랏이 봉하지도 않고 보낸 다섯 번째 편지에는 다음과 같은 내용이 담겨 있었습니다.

"당신과 유다 사람들이 반역을 꾀하고 있으며, 그래서 성벽도 건축하는 것이라는 소문이 여러 나라에 돌고 있소. 게셈도 그 말이 맞다고 하오. 게다가 소문에 따르면 당신이 그들의 왕이 되려고 하며 심지어 예언자를 세우고 예루살렘에서 당신에 대해 유다에 왕이 있다고 선포하려 한다는 말을 들었소. 이제 이 소문이 왕께도 보고될 것이오. 그러니 이제 우리가 만나서 함께 의논합시다."

자, 이런 협박과 공갈에 느헤미야는 어떤 태도를 취했을까요? 느헤미야는 그런 일은 절대 없다고 당당히 말합니다.

> 내가 사람을 보내어 그에게 이르기를 네가 말한 바 이런 일은 없는 일이요 네 마음에서 지어낸 것이라 하였나니(느 6:8).

적들은 이스라엘 백성들을 겁주려 했습니다. 그러면 분명히 낙심하여 공사를 끝내지 못할 것이라고 생각했습니다. 그러나 느헤미야는 기도로 그들의 계략을 이겨 냈습니다. 물질의 문제, 심리적인 문제 등으로 여러 가지 공갈 협박을 하는 존재가 등장할 때마다 그는 기도했습니다.

"하나님이여, 제 손을 강하게 붙들어 주십시오. 제가 흔들리지 않게 해 주십시오. 제가 이 백성들을 위해 한 선한 일을 기억하시고 은혜를 베풀어 주시옵소서"라고 기도한 것입니다. 우리가 제일 많이 해야 할 기도는 은혜를 베풀어 달라는 기도입니다. 나에게 용기를 달라고, 은혜를 베풀어 달라고, 부족한 것이 있으면 채워 주시고, 연약한 것이 있으면 강하게 만들어 달라고 기도해야 합니다. 느헤미야가 믿음으로 기도하지 않았다면 그는 쉽게 무너졌을 것입니다.

내부 지도자를 이용한 공격

느헤미야의 기도에도 불구하고 적들의 공격은 멈추지 않습니다. 이번에는 내부 지도자를 이용한 전략을 꾀합니다. 느헤미야는 굉장히 미묘한 상황에서 스마야라는 사람이 두문불출하고 있다는 소리를 들었습니다. 스마야는 느헤미야가 직접 찾아갈 만큼 중요한 사람이고 가까운 사람이었습니다.

> 이후에 므헤다벨의 손자 들라야의 아들 스마야가 두문불출하기로 내가 그 집에 가니 그가 이르기를 그들이 너를 죽이러 올 터이니 우리가 하나님의 전으로 가서 외소 안에 머물고 그 문을 닫자 저들이 반드시 밤에 와서 너를 죽이리라 하기로(느 6:10).

스마야의 할아버지, 아버지의 이름까지 인용된 것을 보면 이 스마야라는 인물이 굉장히 유명한 사람이라는 것을 알 수 있습니다. 스마야가 두문불출하니까 느헤미야가 찾아가 묻습니다. "이러고 있으면 어떡합니까. 나와 같이 가서 성벽을 지읍시다." 그랬더니 스마야가 본심을 드러냅니다. "저들이 당신을 죽이러 옵니다. 그러니 일단은 피합시다. 피할 곳은 성전이 제일 좋을 것 같습니다. 당신이 그곳에 숨고 성문을 닫으면 되지 않겠습니까?"

그의 말에 느헤미야는 직감적으로 잘못되었음을 느낍니다. 스마야의 말이 거짓임을 안 것입니다. 무슨 일을 하든지 영적 분별력이 참 중요합니다. 딱 듣는 순간 거짓임을 간파해야 합니다. 마귀일수록 화려하고 합리적이고 이성적입니다. 그것을 꿰뚫어 보는 눈이 바로 성령의 눈, 말씀의 눈입니다. 느헤미야는 성전으로 도망가 숨어 있으라는 스마야의 말에서 그것이 덫임을 알았습니다. 성전은 제사장 외에는 아무도 못 들어가는 곳입니다. 그런데 느헤미야가 성전에 들어가면 어떻게 되겠습니까? 율법을 범했다는 오명을 뒤집어쓸 수 있는 것입니다.

내가 이르기를 나 같은 자가 어찌 도망하며 나 같은 몸이면 누가 외소에 들어가서 생명을 보존하겠느냐 나는 들어가지 않겠노라 하고 (느 6:11).

느헤미야는 성전으로 도망가라는 스마야의 말에 의심을 품었습니다. 가장 그럴듯한 말이었지만 어찌 보면 가장 위험한 말이기도 했습니다. 제사장 외에는 들어갈 수 없는 성전에 숨어 있으라고 하는 것을 보니, 자신을 시험하고 있는 것임을 단박에 알아차렸습니다. 이처럼 마귀는 우는 사자처럼 우리를 집어삼키려고 합니다. 이때 넘어지지 않으려면 영적으로 바로 서 있어야 합니다. 그렇지 않으면 우리 인생은 뿌리째 뽑히게 됩니다.

> 깨달은즉 그는 하나님께서 보내신 바가 아니라 도비야와 산발랏에게 뇌물을 받고 내게 이런 예언을 함이라 그들이 뇌물을 준 까닭은 나를 두렵게 하고 이렇게 함으로 범죄하게 하고 악한 말을 지어 나를 비방하려 함이었느니라(느 6:12-13).

여기서 우리는 두려움에 잡히면 죄를 짓게 된다는 사실을 배우게 됩니다. 죄를 짓게 되면 오명에 빠지고 인생이 망하게 됩니다. 절대 두려움에 빠지지 마십시오. 하나님은 "놀라지 말라. 두려워 말라. 나는 너의 하나님이라"고 말씀하십니다.

> 내 하나님이여 도비야와 산발랏과 여선지 노아댜와 그 남은 선지자들 곧 나를 두렵게 하고자 한 자들의 소행을 기억하옵소서 하였노라(느 6:14).

그런데 이것으로 적들의 공격이 끝나지 않습니다. 성전을 다 짓고 나서도 계속해서 공격을 해 옵니다.

> 또한 그때에 유다의 귀족들이 여러 번 도비야에게 편지하였고 도비야의 편지도 그들에게 이르렀으니(느 6:17).

유다 귀족들과 도비야가 편지를 계속 주고받았습니다. 이것이 가능했던 것은 그들이 서로 뒤섞여 혼인을 했기 때문입니다.

> 도비야는 아라의 아들 스가냐의 사위가 되었고 도비야의 아들 여호하난도 베레갸의 아들 므술람의 딸을 아내로 맞이하였으므로 유다에서 그와 동맹한 자가 많음이라(느 6:18).

서로 결혼하여 사위도 되고 며느리도 되고 아들도 되니 갈라서고 싶어도 갈라설 수가 없습니다. 이 때문에 성경에서는 이방 민족과의 혼인을 금했습니다. 우리 그리스도인들은 순결한 신부처럼 살아야 합니다. 하나님의 뜻인 것만 분별하며 행해야 합니다. 그래야 우리가 마지막 시대에 사탄의 전략에 말려들지 않고 승리할 수 있습니다.

9

성취 이후가 더 중요합니다

느헤미야 7:1-73

성벽을 지키기 위한 대비

느헤미야가 성벽을 재건하는 과정 가운데 방해와 모략과 음모가 난무했습니다. 산발랏과 도비야, 아라비아 사람들과 암몬 사람들과 아스돗 사람들이 함께 음모를 꾸미고 훼방을 놓으려고 했습니다. 이스라엘 백성들을 혼란스럽게 만들고 불안하게 만들고 두려운 마음을 갖도록 만들었습니다.

제가 지금까지의 목회를 돌아보면 하나님의 일에는 대로가 쉽게 열리지를 않습니다. 항상 굴곡과 위험과 시험이 있습니다. 오죽했으면 사도 바울이 살 소망까지 끊어지고 마음에 사형 선고를 받았다고 표현했겠습니까(고후 1:8-9). 하나님의 사람들에게는 언제나 이런 방해물과 음모와 훼방이 있습니다. 하나님의 사람은 이런 일을 겪으면서 단단해지기 시작합니다.

어떤 선교사들은 한국에서 선교비가 안 와서 굶기도 합니다. 실제로 그런 선교사들을 봤습니다. 그렇다고 선교사들이 어떻게 선교지에서 돈을 꿀 수 있겠습니까. 그래서 굶을 수밖에 없는 것입니다.

느헤미야가 성벽을 재건하는 과정에서도 이러한 고난을 겪었습니다. 고난이 오면 정상이라고 생각하십시오. 고난은 특별한 것이 아닙니다. '왜 나에게 불치병을 주셨을까? 왜 나에게 이런 시련을 주셨을까?'라는 질문의 정답은 예수 믿는 사람이기 때문이라는 것입니다. '아, 나도 하나님의 사랑을 받는 사람이구나. 나는 하나님의 일꾼이구나'라는 사실을 확인시켜 주는 것입니다.

느헤미야는 말 대신에 기도했고, 사람에게 하소연을 하기 전에 금식했습니다. 예수 믿는 사람들은 침묵을 배워야 합니다. 말하고 싶을 때에도 침묵할 줄 알아야 합니다. 그리고 금식하면서 하나님께 기도하는 것을 배우는 것입니다.

성벽을 완공한 느헤미야는 그 후 어떤 일을 했습니까?

> 성벽이 건축되매 문짝을 달고 문지기와 노래하는 자들과 레위 사람들을 세운 후에(느 7:1).

성벽을 건축할 무렵에는 성안에 사람들이 많이 살지 않았고 변변한 집 한 채 없었습니다. 그런데 이제 성벽을 완성하고 문도 달았습니다. 그때 느헤미야가 가장 먼저 한 일이 문지기를 찾는 것이었습니다. 성전의 문을 잘 지키지 않으면 외세의 침략을 당하게 마련입니다. 영적 전쟁도 똑같습니다. 영적 전쟁을 대비해 무장하지 않으면 마귀가 끊임없이 우리를 공격할 것입니다.

시편 기자는 악인의 장막에서 사는 것보다 하나님의 성전 문지기로 사는 것이 행복하다고 고백합니다. 우리의 신앙 역시 아무리 잘 만들어 놓았다 해도 문지기가 없으면 여우 새끼가 올라가고 마귀들이 들락날락해서 우리의 믿음을 갉아먹을 것입니다. 성벽을 지키는 일이 이래서 중요합니다.

참된 예배자를 세우다

느헤미야가 두 번째로 한 일은 예배자를 세우는 것이었습니다. 예배자들은 찬양하는 자들을 말합니다. 그 당시 예배는 레위인들이 담당했는데, 그들은 제사장들을 섬기는 사람들이었습니다. 교회에서 중요한 사람들은 찬양하는 자, 예배하는 자입니다. 나머지 일들은 그다음입니다. 그런데 우리는 나머지 일들에 더 집중하고 예배와 찬양에 소홀할 때가 많습니다.

"아버지께 참되게 예배하는 자들은 영과 진리로 예배할 때가 오나니 곧 이때라 아버지께서는 자기에게 이렇게 예배하는 자들을 찾으시느니라"(요 4:23)의 말씀처럼 하나님이 찾으시는 자는 예배하는 자입니다. 에스라는 6시간이나 성경을 읽고 강론했으며, 사람들은 그 시간 동안 다 일어나 눈물을 흘리며 말씀을 들었습니다. 이것이 바로 진정한 예배입니다.

예배와 찬양, 성만찬, 말씀 듣는 일보다 교회 안에서 더 높은 가치를 가지는 것은 없습니다. 이것들만 제대로 행해도 교회가 부흥하고 성장하며 하나님의 영으로 충만해집니다. 느헤미야는 이 사실을 알았습니다. 그래서 성벽을 쌓고 성문을 달고 나서 문지기를 세우고 찬양하고 예배하는 자들을 세워 온 백성이 하나님께 집중하도록 했습니다. 이것이 느헤미야가 선택한 길이었습니다.

참된 예배자가 있을 때 참된 예배가 이루어집니다. 예배자가 없으면 예배도 없습니다. 사람이 많이 모였다고 예배가 이루어지는 것이 아닙니다. 하나님의 영으로 찬양하는 것이 중요합니다. 그래서 우리가 요즘 시대에 굉장히 조심해야 할 것이 있다면 엔터테인먼트와 찬양은 다르다는 것입니다. 요즈음 세상에서 음악을 하듯이 찬양 가운데서도 사람을 즐겁게 하는 음악들이 유행하고 있습니다. 그러나 찬양을 하나의 엔터테인먼트로 여겨서는 안 됩니다.

느헤미야 7장 44절을 보면 "노래하는 자들은 아삽 자손이 백사십팔 명이요"라고 나와 있습니다. 또한 7장 67절을 보면 "그 외에 노비가 칠천삼백삼십칠 명이요 그들에게 노래하는 남녀가 이백사십오 명이 있었고"라고 되어 있습니다.

저는 이 말씀을 보면서 우리 교회 찬양팀이 245명으로 이루어지면 좋겠다는 꿈을 꾸게 되었습니다. 제가 뉴욕 브루클린이라는 도시에 있는 한 교회에 가서 엄청난 규모의 성가대를 보고 놀란 적이 있습니다. 그 교회는 브루클린 태버너클 교회(Brooklyn Tabernacle Church)로, 짐 심발라(Jim Cymbala) 목사님이 목회하는 곳이었습니다.

그곳은 마약, 매춘부, 술주정꾼, 홈리스(homeless)들로 가득한 동네입니다. 심발라 목사님은 그들을 한 명 한 명 전도하여 이전의 삶을 정리하고 다시 새롭게 태어나도록 인도했습니다. 그래서 교인이 자그마치 4,000-5,000명이 되었습니다. 성가대는 300-400명이 넘습니다. 브루클린 태버너클 콰이어는 에미상을 받기까지 했습니다. 그들의 찬양은 사람의 마음을 울리는 감동이 있습니다. 성가대원들은 각종 직업들로 다양합니다. 그중에는 한국인도 있었는데, 술과 마약에 빠졌다가 교회의 도움을 받고 새사람이 되어 성가대 활동을 하게 되었다는 이야기를 들었습니다. 저는 그 교회 성도들의 순수함과 열정을 보면서 오늘날의 우리 예배가 너무 형식적이고 엔터테인먼트 중심으로 변했다는 생각을 했습니다.

하나님을 경외하는 일꾼들을 세우다

내 아우 하나니와 영문의 관원 하나냐가 함께 예루살렘을 다스리게 하였는데 하나냐는 충성스러운 사람이요 하나님을 경외함이 무리 중에서 뛰어난 자라(느 7:2).

성전 문지기와 예배자들을 정한 느헤미야는 성을 지킬 수 있는 사령관을 임명합니다. 느헤미야가 혼자 일을 다 할 수 없기 때문에 신실한 사람들에게 일을 분할해서 맡긴 것입니다. 사도행전을 보면 말씀 전하는 일과 교회의 일을 분리하여 교회 일은 집사들에게 맡겼습니다.

하나니는 느헤미야의 동생입니다. 동생이라서 사령관으로 임명한 것이 아니라 성전 복구에 앞장서서 일한 사람이었기 때문에 그에게 일을 맡긴 것입니다. 또한 하나냐에게도 사령관의 임무를 맡겼는데, 그는 충성스럽고 하나님을 경외하는 사람이었습니다. 교회는 똑똑한 사람이 일하는 곳이 아니라 충성스러운 사람이 일하는 곳입니다. 교회는 부자가 일하는 곳이 아니라 하나님을 경외하는 사람이 일하는 곳입니다. 그렇다면 문지기에게 주어진 사명은 무엇일까요?

> 내가 그들에게 이르기를 해가 높이 뜨기 전에는 예루살렘 성문을 열지 말고 아직 파수할 때에 곧 문을 닫고 빗장을 지르며 또 예루살렘 주민이 각각 자기가 지키는 곳에서 파수하되 자기 집 맞은편을 지키게 하라 하였노니(느 7:3).

문지기는 주의를 기울이며 철저하게 성문을 지켰습니다. 이것은 영적 삶의 원리에도 적용됩니다. 마귀는 틈만 나면 우는 사자처럼 우리를 집어삼키려고 합니다. 철저하게 문을 막지 않으면 적들이 들어옵니다.

느헤미야는 예루살렘 성문을 해 뜰 때까지 열지 말고 문지기에게 지키게 했습니다. 단단히 빗장을 걸어 놓고 예루살렘 주민들로 경비를 세우게 했으며, 지정된 초소와 자기 집 앞을 지키게 했습니다.

그 성읍은 광대하고 그 주민은 적으며 가옥은 미처 건축하지 못하였음이니라(느 7:4).

그 당시 성은 크고 넓었는데 성안에 사는 사람들은 얼마 안 되고 제대로 지은 집들도 거의 없었습니다. 사실 모든 것이 완성된 것보다는 미완성이 더 아름다울 수 있습니다. 돈이 너무 많으면 위기가 찾아옵니다. 모든 것이 다 채워지면 기도도 그만두고 더 이상 바라볼 비전이 없어 허무함을 느끼게 됩니다.

영적 목적을 위한 인구조사

이제 드디어 느헤미야의 마음속에 인구조사를 해야겠다는 마음이 생깁니다.

내 하나님이 내 마음을 감동하사 귀족들과 민장들과 백성을 모아 그 계보대로 등록하게 하시므로 내가 처음으로 돌아온 자의 계보를 얻었는데 거기에 기록된 것을 보면(느 7:5).

구약 시대에 모든 나라들은 군사적 목적, 정치적 목적, 경제적인 목적으로 인구조사를 했습니다. 그런데 성경에서의 인구조사는 하나님의 족보를 세우는 의미를 갖습니다. 하나님은 12지파가 어떻게 변해 가고 있는지 알기 원하셨습니다. 그래서 느헤미야가 인구조사를 시작한 것입니다. 이것은 군사적, 정치적, 경제적인 목적이 아니라 영적인 목적으로 행해진 것이었습니다.

옛적에 바벨론 왕 느부갓네살에게 사로잡혀 갔던 자들 중에서 놓임을 받고 예루살렘과 유다에 돌아와 각기 자기들의 성읍에 이른 자들 곧 스룹바벨과 예수아와 느헤미야와 아사랴와 라아먀와 나하마니와 모르드개와 빌산과 미스베렛과 비그왜와 느훔과 바아나와 함께 나온 이스라엘 백성의 명수가 이러하니라(느 7:6-7).

느헤미야는 일반 회중, 남녀 종, 노래하는 사람을 따로 구분했습니다. 그들을 모두 세어 보니 약 5만 명 정도 됩니다. 그리고 짐승의 수까지 세었습니다. 말이 736마리, 노새가 245마리, 낙타가 435마리, 나귀가 6,720마리였습니다. 사람 수를 세고 그다음에 짐승의 수를 셌습니다. 특별히 구약에서는 짐승들이 사람들과 같이 살기 때문에 중요했으며 가축의 수는 부의 상징이기도 했습니다.

어떤 족장들은 역사를 위하여 보조하였고 총독은 금 천 드라크마와 대접 오십과 제사장의 의복 오백삼십 벌을 보물 곳간에 드렸고 또 어떤 족장들은 금 이만 드라크마와 은 이천이백 마네를 역사 곳간에 드렸고 그 나머지 백성은 금 이만 드라크마와 은 이천 마네와 제사장의 의복 육십칠 벌을 드렸느니라(느 7:70-72).

이렇게 사람 수와 가축의 수를 세고, 헌금과 헌물도 기록했습니다. 그다음에는 하나님의 교회가 안정되게 잘 움직일 수 있도록 기반을 마련했습니다.

이와 같이 제사장들과 레위 사람들과 문지기들과 노래하는 자들과 백성 몇 명과 느디님 사람들과 온 이스라엘 자손이 다 자기들의 성읍에 거주하였느니라(느 7:73).

여기서 특이한 점은 하나님을 예배하는 자를 따로 구분해서 말하고 있는 것입니다. 하나님을 찬양하는 사람들은 자신이 부르는 찬양이 단순한 노래가 아니며, 하나님을 찬양하는 엄청난 복을 누리고 있음을 알아야 합니다. 태어날 때부터 목소리가 좋은 사람이 있습니다. 그 달란트는 자신만의 것이 아닙니다. 하나님이 주신 것입니다. 그래서 하나님께 영광을 올리도록 사용해야 합니다.

온누리교회 25주년 감사예배를 준비하면서 대학부 청년들과 성인 공동체 지체들이 밤을 새서 무대장치를 했습니다. 그리고 제 트위터(Twitter)에 "밤새도록 무대장치를 하느라 힘들었지만 너무나 기뻤다"는 글을 올렸습니다. 우리는 기쁘게 살아야 합니다. 땀을 쏟고, 잠을 못 자면서도 하나님을 기쁘게 하는 삶을 사는 것이 예배자의 삶입니다. 그리고 하나님을 찬양해야 합니다. 이것이 하나님이 기뻐하시는 삶입니다. 마지막으로 하나님의 일로 바쁜 사람들이 되십시오. 그러면 세상에서도 복이 넘칠 것입니다.

3부

삶의 등불인 말씀을 들고서

느헤미야 8:1 - 10:39

백성들이 얼마나 울었던지 느헤미야와 학사 에스라가
레위 사람들을 백성들에게로 보냅니다.
그리고 더 이상 울지 말라고, 이날은 주의 날이라고 위로합니다.
여호와를 기뻐하고 큰 잔치를 베풀라고 말합니다.
그것이 힘이 될 것이라고 말입니다.

10

내 안에서
말씀이 깨어나야 합니다

느헤미야 8:1-18

말씀을 향한 목마름

성벽 복구가 다 끝났음에도 불구하고 도비야, 산발랏 그리고 여러 족속들이 끊임없이 공격을 해 왔습니다. 심리전도 펼치고, 거짓말도 하고, 안 좋은 소문도 냈습니다. 그러나 느헤미야는 말씀 중심에 있었고 하나님의 음성에 귀 기울이는 사람이었기에 조금도 흔들리지 않았습니다. 모든 적들은 소탕되어 물러났고, 이제 성벽 복구에 참여했던 사람들이 각자 고향으로 돌아갑니다. 그런데 돌아가서 생각해 보니 무언가 허전합니다. 그렇게 진이 빠지도록 성벽을 복구했는데 모두들 마음 가운데 허전함이 밀려왔습니다. 그래서 그들은 수문 앞 광장으로 다시 모이기 시작했습니다.

그들은 말씀이 없어서 허전한 것임을 깨닫고 학사이면서 제사장인 에스라를 초청합니다. 그리하여 하나님이 자신들에게 무엇을 원하시는지 듣기를 원합니다. 학사 에스라는 느헤미야나 레위 사람들과 마찬가지로 언제 어느 때나 말씀을 전할 준비가 되어 있었습니다. 진정한 그리스도인은 언제 어느 상황이든 말씀을 전할 준비가 되어 있는 사람입니다.

이스라엘 자손이 자기들의 성읍에 거주하였더니 일곱째 달에 이르

러 모든 백성이 일제히 수문 앞 광장에 모여 학사 에스라에게 여호
와께서 이스라엘에게 명령하신 모세의 율법책을 가져오기를 청하
매 일곱째 달 초하루에 제사장 에스라가 율법책을 가지고 회중 앞
곧 남자나 여자나 알아들을 만한 모든 사람 앞에 이르러(느 8:1-2).

여기서 우리는 말씀에 대한 목마름과 갈증이 이스라엘 백성들
에게 있었음을 알게 됩니다. 그동안 성벽 복구하느라 말씀을 듣거
나 읽을 기회가 없었던 것입니다. 그래서 52일 동안 꾹꾹 눌러 두
었던 말씀에 대한 목마름이 샘물처럼 솟아 나온 것입니다.

요즈음 말씀을 전하는 설교를 테이프나 CD로 들을 수 있고, 인
터넷으로도 언제든지 여러 목회자들의 설교를 찾아 들을 수 있습
니다. 바야흐로 말씀의 홍수 시대에 우리가 살고 있는 것입니다.
홍수가 났기 때문에 그야말로 먹을 물은 없습니다. 홍수로 인해 모
두 흙탕물로 변했기 때문입니다. 흙탕물을 오래 먹다 보면 사람들
마음속에 생수가 그리워집니다. 오염되지 않은 깨끗한 물이 없기
때문에 우리 몸이 힘들어지고 영혼도 피폐해지게 되는 것입니다.

수문 앞 광장에서 새벽부터 정오까지 남자나 여자나 알아들을 만
한 모든 사람 앞에서 읽으매 뭇 백성이 그 율법책에 귀를 기울였는
데(느 8:3).

일곱째 달은 1월, 즉 새해를 의미합니다. 새해를 시작하면서 이스라엘 백성들이 제일 먼저 한 것이 말씀을 듣는 일이었습니다. 학사 에스라는 조금도 주저함 없이 준비된 책을 가지고 와서 백성들에게 읽어 주었습니다.

제가 한번은 이스라엘에 가서 유대인들이 예배드리는 곳을 가 봤습니다. 그들이 드리는 예배의 형식은 아주 독특했습니다. 어떤 이가 제사장 옷을 입고 말씀을 읽을 때 두 사람이 큰 두루마기를 들고 있었습니다. 경건하고 조심스럽게 말씀을 대하는 그들의 태도가 참 인상적이었습니다.

에스라는 처음 새벽 이른 아침부터 정오까지 말씀을 읽었습니다. 설교한 것도 아니고 그냥 말씀을 읽은 것입니다. 새벽 이른 아침이란 오전 6시 정도가 될 것입니다. 그렇다면 이스라엘 백성들이 정오까지 6시간을 그냥 서서 말씀을 들었다는 이야기가 됩니다.

우리는 예배 시간에 집중하지 못하고 예배 후의 약속과 여러 가지 개인적인 일들로 머리 속이 복잡합니다. 예배는 그저 형식적으로 드리기가 쉽습니다. 그러면 우리의 영혼은 만족감을 느끼지 못합니다. 말씀을 제대로 듣지 못하니 그 가운데 기쁨이 없는 것입니다. 그런데 이스라엘 백성들은 말씀을 읽자마자 6시간 동안 일제히 일어서서 말씀을 들었습니다.

제가 동베를린이 무너지기 전에 서독에 몇 번 간 적이 있었는데, 그때 동베를린에서 그리스도인들이 숨어서 예배를 드린다는 이야기를 들었습니다. 그들은 숲 속에서 예배를 무려 3시간을 드렸습니다. 3시간씩 눈물을 흘리고 기도하면서 말씀을 들었다는 것입니다. 그런 일이 중국의 지하 교회에도 있고, 북한의 지하 교회에도 똑같이 일어나고 있습니다. 어쩌면 우리가 하나님 말씀에 더 가까이 접근하기 위해서는 우리의 부유한 환경을 내려놓아야 할지도 모릅니다.

"아멘"으로 반응하는 백성들

> 그때에 학사 에스라가 특별히 지은 나무 강단에 서고 그의 곁 오른쪽에 선 자는 맛디댜와 스마와 아나야와 우리야와 힐기야와 마아세야요 그의 왼쪽에 선 자는 브다야와 미사엘과 말기야와 하숨과 하스밧다나와 스가랴와 므술람이라 에스라가 모든 백성 위에 서서 그들 목전에 책을 펴니 책을 펼 때에 모든 백성이 일어서니라(느 8:4-5).

에스라는 말씀을 낭독하기 위해 나무로 만든 강단에 섰습니다. 요즈음으로 보면 설교단 같은 것입니다. 왼쪽에 있는 사람, 오른쪽에 있는 사람이 성경에 다 기록되어 있는데, 이것은 그 당시 말씀을 듣는 광경이었습니다. 책을 펴자마자 거기에 모인 모든 청중들이 다 일어났습니다.

에스라가 위대하신 하나님 여호와를 송축하매 모든 백성이 손을 들고 아멘 아멘 하고 응답하고 몸을 굽혀 얼굴을 땅에 대고 여호와께 경배하니라(느 8:6).

이 말씀을 보면 그냥 율법책을 읽은 것만이 아님을 알게 됩니다. 중간 중간에 위대하신 여호와 하나님을 찬양했습니다. 그러자 온 백성이 손을 들고 "아멘, 아멘" 했습니다. 누군가 말하기를 은혜가 있는 교회는 아멘 소리가 크다고 했습니다. 이스라엘 백성들은 손을 들고 눈물을 흘리면서 율법책이 낭독될 때 "아멘, 아멘" 하고 외쳤습니다. 그러고는 얼굴을 땅에 대고 납작 엎드려 여호와께 경배했습니다. 이것이 바로 예배의 모습입니다.

요한계시록을 보면 24장로들이 자기가 쓴 관을 다 집어던지면서 엎드려 예배를 드렸습니다. 여기서 발견하게 되는 것이 말씀과 율법입니다. 이러한 형식들이 다 합해져서 하나의 예배가 이루어집니다. 또한 이 예배가 하나님을 만나는 통로가 됩니다.

저는 진정한 예배가 이 땅에 다시 살아나기를 바랍니다. 한국 교회가 빠른 성장은 했으나 부패한 까닭은 진정한 예배가 없기 때문입니다. 어떤 설교는 설교가 아니라 만담 같습니다. 그 안에는 하나님의 말씀이 없습니다. 사람들은 그 설교를 들으며 깔깔 웃고 박수치며 좋아합니다. 설교가 하나의 쇼가 되어 버린 것입니다. 그래서 성도들의 삶에 변화가 없습니다. 이것이 한국 교회의 가장 큰 위기입니다.

말씀이 깨어나는 것이 진정한 회복이다

> 예수아와 바니와 세례뱌와 야민과 악굽과 사브대와 호디야와 마아세야와 그리다와 아사랴와 요사밧과 하난과 블라야와 레위 사람들은 백성이 제자리에 서 있는 동안 그들에게 율법을 깨닫게 하였는데 하나님의 율법책을 낭독하고 그 뜻을 해석하여 백성에게 그 낭독하는 것을 다 깨닫게 하니(느 8:7-8).

학사 에스라가 하나님 말씀을 읽어 주었지만, 그것을 못 알아듣는 사람들이 있었기에 레위 사람들이 그 말씀을 다시 설명해 줍니다. 그러자 온 백성들이 율법의 말씀을 듣고 울었습니다. 말씀을 듣고 깨닫는 순간 나의 영혼이 깨인 것입니다. 그러니 울지 않을 수가 없습니다. 눈이 빨개지고 눈물이 나고 회개가 밀려옵니다. 말씀을 들으면 누구든 자신의 잘못이 거울처럼 드러나 뉘우치게 됩니다. 하나님 앞에 부끄럽고 불결한 자신을 발견하게 되는 것입니다.

그러자 총독 느헤미야와 제사장이자 학사인 에스라와 백성들을 가르치던 레위 사람들이 모든 백성들에게 말했습니다. "이날은 우리 하나님 여호와의 거룩한 날이니 슬퍼하거나 울지 말라."

말씀을 대할 때 첫 단계는 우는 것이지만, 우는 것으로 끝나면 안 됩니다. 회개의 눈물을 흘린 다음에는 기쁨이 내 안에서 솟아나야 합니다. 춤추고 찬양하면서 슬픈 얼굴이 기쁜 얼굴로 변해야 합니다. 이것이 바로 말씀의 부흥입니다. 성벽 복구는 외형적인 것이며, 예배의 부흥이 진정한 부흥입니다.

> 레위 사람들도 모든 백성을 정숙하게 하여 이르기를 오늘은 성일이니 마땅히 조용하고 근심하지 말라 하니(느 8:11).

여호와를 기뻐하고 찬양하는 것이 우리 그리스도인의 진정한 능력입니다. 말씀을 깨달으면 춤추기 시작합니다. 울면서 춤추고, 박수하면서 춤추고, 기뻐하면서 춤추게 됩니다.

> 모든 백성이 곧 가서 먹고 마시며 나누어 주고 크게 즐거워하니 이는 그들이 그 읽어 들려 준 말을 밝히 앎이라(느 8:12).

하나님은 심판과 진노의 하나님이 아니라 사랑의 하나님이십니다. 지금 우리의 모습은 죄성으로 가득하지만 하나님의 은혜로 모든 것이 사해집니다. 그 사실을 깨닫는 순간 눈물을 흘리고 그 눈물이 어느새 기쁨이 됩니다.

총독 느헤미야, 제사장이자 학사인 에스라, 그리고 백성을 가르치는 레위인들은 언제나 말씀을 전할 준비가 되어 있었습니다. 오늘날의 목회자도 마찬가지입니다. 목회자는 언제든지 말씀을 가르칠 준비가 되어 있어야 합니다. 그래서 성도들을 위로하고 격려

하고 회복시키고 다시 일어나게 해야 합니다.

여기서 중요한 것은 백성들 스스로 학사 에스라에게 율법책을 읽어 달라고 요청했고, 학사 에스라는 그 요청에 즉각 응답할 준비가 되어 있었다는 것입니다. 진정한 교회는 교인들이 목사님의 설교를 듣고 싶어서 주일을 기대하며 기다립니다. 그리고 목사는 설교를 준비할 때 반복해서 읽으면서 깊이 있게 묵상합니다. 그러면 말씀을 빨리 성도들에게 전해 주고 싶어서 주일을 기다리게 됩니다.

잊지 말아야 할 광야 생활

그 이튿날 뭇 백성의 족장들과 제사장들과 레위 사람들이 율법의 말씀을 밝히 알고자 하여 학사 에스라에게 모여서 율법에 기록된 바를 본즉 여호와께서 모세를 통하여 명령하시기를 이스라엘 자손은 일곱째 달 절기에 초막에서 거할지니라 하였고 또 일렀으되 모든 성읍과 예루살렘에 공포하여 이르기를 너희는 산에 가서 감람나무 가지와 들감람나무 가지와 화석류나무 가지와 종려나무 가지와 기타 무성한 나무 가지를 가져다가 기록한 바를 따라 초막을 지으라 하라 한지라(느 8:13-15).

두 번째 날에는 중간 지도자들이 모여서 말씀을 들었습니다. 이

때 초막절에 관한 이야기가 나옵니다. 알다시피 모세가 이스라엘 백성들을 이끌고 광야에 나가 초막 생활을 했습니다. 장막을 치고 40년 동안 험한 생활을 한 것입니다. 그러고 나서 여호수아를 통해 가나안 땅으로 들어갑니다. 그런데 가나안 땅으로 들어가자마자 전쟁을 치러야 했습니다. 그리하여 초막절을 제대로 지키지 못했고, 하나님이 자신들을 보호하고 지켜 주신다는 약속을 잊어버리게 되었습니다. 날마다 하나님의 약속을 기억해야 안심할 수 있는데, 그 약속을 잊어버린 것입니다. 그런데 에스라가 초막절을 지키라는 말씀을 읽고 있습니다.

일곱째 달 절기 동안에 초막에서 살라는 것과 더불어 산간 지대로 나가서 올리브 나무와 야생 올리브 나뭇가지, 은매화 나뭇가지, 야자 나뭇가지와 또 다른 활엽수 가지를 가져와 기록된 대로 초막을 지으라는 말씀을 전합니다. 그런데 초막절을 지키는 것이 쉽지 않습니다. 땅바닥에 누워 자야 하고, 누룩이 없는 무교병을 먹고 쓴 나물을 먹어야 합니다. 이 모든 것은 이스라엘 백성들이 광야에서 얼마나 고생했는지를 기억하기 위함이었습니다. 그리고 7일 동안 말씀만 읽어야 합니다. 그러다가 8일째 되면 성전에 모여서 잔치를 하는 것으로 초막절의 행사가 끝이 납니다.

사실 이스라엘 백성들은 여호수아 이래로 초막절을 제대로 지킨 적이 없었습니다. 그러다가 자연히 광야의 생활을 잊어버렸습니다. 내가 가난할 때, 내가 역경에 처했을 때 어떻게 그 고난을 이겨 냈는지를 기억하지 못하는 사람은 현실에 만족감이 없고 원망과 불평만 많아집니다. 이스라엘 백성들이 그랬습니다. 옛날에 한 고생을 잊어버렸기 때문에 계속 불평과 원망을 일삼게 됩니다. 왜 그것을 잊어버렸을까요? 예배를 잘 드리지 않았기 때문입니다.

말씀을 듣는 순간, 레위 제사장들과 모든 백성들은 충격을 받았습니다. "아, 우리가 예배와 절기를 무시했구나." 그것은 결국 하나님의 말씀을 무시한 것이나 다름없었습니다. 그래서 그들은 각자 마을로 돌아가 곳곳에 가서 이 말씀을 선포하기 시작합니다.

오직 말씀을 사모하라

진정한 영적 회복은 전통적인 신앙을 버리는 것입니다. 전통적인 신앙에 묶여 있으면 새롭게 변화되지 않기 때문입니다. 전통과 형식을 깨고 말씀으로 돌아가는 것이 개혁입니다. 오늘날은 부흥과 개혁이 절실한 때입니다. 사람들은 설교에 대한 기대감 없이 교회에 갑니다. 지난주에 들은 설교나 오늘 듣는 설교나 별 차이가 없다고 생각합니다. 변화를 기대하지 않습니다. 따라서 희망이 없습니다.

초막절에 대한 말씀을 들은 이스라엘 백성들은 밖으로 나가 가지를 주워 와서 초막을 지었는데 각자 지붕 위에, 뜰 안에, 하나님의 전 뜰에, 수문 광장에, 에브라임 문 광장에 지었습니다(16절). 하나님이 명령하신 방법대로 짓기 시작한 것입니다.

그 광경을 상상해 보십시오. 예루살렘 광장이 초막으로 넘쳐났을 것입니다. 그리고 회개의 기도로 가득했을 것입니다. 이것이 부흥입니다. 19세기의 위대한 평신도 부흥 설교자 무디(Moody)가 부흥회를 할 때도 그랬습니다. 미국에 부흥 운동이 일어났을 때 사람들의 입에서 방언이 터지고 예언하고 귀신이 나가는 광경을 보고 많은 사람들이 놀랐습니다. 이렇듯 부흥이란 말씀의 부흥을 의미하며, 개혁이란 전통과 형식을 바꾸는 것입니다.

제가 온누리교회를 처음 시작할 때, 주변에 있는 몇 사람들과 함께 모여서 '우리가 진짜 교회 한번 만들어 봅시다'라고 다짐을 했습니다. 물론 그때는 건물도 없어 지하실을 빌려 예배당으로 사용했습니다. 그래서 남녀 성도 할 것 없이 밥도 지어 먹고 설거지도 했습니다. 그 당시 한국 교회가 하고 있는 전통대로 하지 않았습니다. 헌금을 낼 때는 헌금 바구니를 돌리지 않고 맨 뒤에 헌금함을 놔뒀습니다. 예배 시간에도 누가 어떤 헌금을 했는지에 대해서 말하지 않기로 했습니다. 헌금은 각자 은혜받은 대로 감사의 표시로 하나님께 드리는 것인데 형식이 무슨 필요가 있겠습니까.

그다음에 개척을 준비하는 동안 호칭을 바꾸기로 했습니다. 그리스도 안에서 모두 형제요 자매이기 때문에 서로 형제, 자매로 불렀습니다. 또한 1년 동안 골프와 TV시청을 하지 않기로 했습니다. 목사인 저는 가운을 안 입기로 했습니다. 이 모든 것에 동의하는 사람들을 위해 목회를 하겠다고 선포했습니다. 그것이 25년 전의 일입니다. 전통과 생각을 모두 바꾼 것입니다.

예전에 우리 교회에 아주 좋은 나무로 만든 장의자가 있었습니다. 그런데 그 의자를 본당에 놓아두니까 전도 집회나 축제를 열 때 불편함이 있었습니다. 나중에 저는 미국 윌로우크릭교회에 개별 의자가 놓여 있는 것을 보고 우리 교회의 의자를 모두 바꿔 버렸습니다. 교회에 있던 장의자는 시골에 있는 교회에 나눠 줬습니다. 그리고 교인들한테 "교회를 10년 안에 망가뜨려 달라"고 부탁했습니다. 교회를 많이 사용하다 보니 의자를 교체하고 천갈이도 수없이 했습니다. 교인들은 카펫이나 대리석이 모두 닳을 만큼 교회를 사용해야 합니다. 그렇다고 전통을 모두 무시하자는 것은 아닙니다. 다만 본질로 돌아가자는 것입니다. 그것이 부흥이고 개혁입니다.

진짜 샘물 같은 말씀을 사모하십시오. 말씀을 사모하면 샘물 같은 말씀을 설교하는 목사님을 만나게 됩니다. 또한 영적으로 눈을 뜨기 바랍니다. 요즘 우리 주변에는 이단들이 너무 많습니다. 우는 사자처럼 믿는 자들을 집어삼키려고 합니다. 이단들은 예수 믿는 사람만 전도합니다. 어느 이단에서는 아예 온누리교회를 첫 번째 표적으로 삼고 있습니다. 어떻게 해서든지 우리 교회 성도들을 데려가려고 합니다.

예전에 대전 온누리교회에 피아노를 잘 치는 자매가 들어와서

2년 동안 많은 봉사를 했습니다. 교인들은 다 그 자매를 신뢰했습니다. 그런데 어느 날 한 이단 본부의 문서를 보게 됐는데 거기에 그 자매의 이름이 있는 것을 발견했습니다. 이단에서 그 자매를 온누리교회로 파송한 것이었습니다. 그래서 한 교인씩 계속 빼내 가는 것입니다. 이것이 오늘날 한국 교회의 현실입니다.

우리는 말씀을 사모해야 합니다. 그리고 교회의 전통과 형식에 매이지 말고 진짜 하나님이 기뻐하시고 원하시는 예배를 드려야 합니다. 주님의 말씀처럼 땅 끝까지 이르러 복음을 전하는 일에 목숨을 거십시오. 이것이 부흥이고 개혁입니다.

11

말씀은
은혜를 돌아보게 합니다

느헤미야 9:1-22

말씀으로 매일 새로워져야 한다

이스라엘 백성들은 에스라가 읽어 준 성경 말씀에 감동받아 손을 들고 "아멘" 하며 땅에 납작 엎드려 여호와께 예배를 드렸습니다. 이처럼 말씀을 들으면 예배가 나옵니다. 말씀을 들으면 우리 몸에 진동이 일어나고 변화가 일어납니다.

이스라엘 백성들은 말씀을 듣는 순간에 예배라는 것을 깨닫기 시작했습니다. 예배를 깨닫는 순간 그들은 무릎을 꿇고 얼굴을 땅에 대고 "아멘, 아멘" 하면서 말씀을 주신 하나님을 찬양했습니다. 이것이 말씀에 대한 감격입니다. 말씀을 들으면 내 안에 예배가 생기고 부흥이 일어납니다. 말씀 없는 부흥은 바른 것이 아닙니다. 그저 사람들이 불어난다고 부흥이 일어났다 생각하면 큰 오산입니다.

부흥은 말씀을 듣고 예배를 깨닫고 회개하는 것입니다. 그래서 그들은 울기 시작했습니다. 눈물이 떨어지고 어깨가 흐느적거리는 변화가 일어났습니다. 진정으로 설교에 감동을 받으면 자기도 모르는 사이에 몸이 떨리고 나 자신이 깨지는 느낌이 듭니다. 지금까지의 나의 생각이 잘못임을 깨닫고 돌이키는 결심을 내리게 되는 것입니다.

백성들이 얼마나 울었던지 느헤미야와 학사 에스라가 레위 사람들을 백성들에게로 보냅니다. 그리고 더 이상 울지 말라고, 이날은 주의 날이라고 위로합니다. 여호와를 기뻐하고 큰 잔치를 베풀라고 말합니다. 그것이 힘이 될 것이라고 말입니다. 여기서 우리는 말씀을 듣고 깨닫는 것이 무엇인지 배우게 됩니다. 말씀을 듣고 내 생각을 바꿀 때 그것이 진정으로 말씀을 받아들인 것이라 할 수 있습니다. 이때 부흥이 시작됩니다.

둘째 날도 학사 에스라를 초청하여 말씀을 들었습니다. 그런데 말씀이 더 새롭게 다가옵니다. 이번에는 과거를 돌이키게 합니다. 홍해 사건을 돌이켜 보게 하고, 애굽에 있던 사건을 돌이켜 보게 하고, 광야 생활을 돌이켜 보게 하고, 가나안 땅에 들어가서 일곱 족속과 싸우던 일까지 회상합니다. 그러면서 지금껏 자신들이 드리던 초막절은 진정한 예배의 모습이 아니었음을 깨닫게 됩니다.

온 백성은 성경대로 성읍과 성전에 초막을 다시 지었습니다. 제일 먼저 성전을 건축하고 성전대로 초막을 지은 후 7일 동안 성막 안에 살면서 율법책을 낭독하고 제8일에는 광장에 모여 큰 집회를 열었습니다. 진정으로 초막절을 지낸 것입니다.

우리의 신앙도 마찬가지입니다. 겉모습만 그럴듯하고, 사실 말씀대로 살지 못하는 경우가 많습니다. 이것은 가짜 신앙생활입니다. 사람의 눈은 속일 수 있을지 몰라도 하나님의 눈은 속일 수 없습니다.

부흥은 말씀을 듣는 것이며, 개혁은 형식과 전통을 돌이키는 것입니다. 마르틴 루터도 모든 사람들이 성경을 잘못 이해하고 있을 때 기존의 종교 개념을 뒤흔들면서 종교 개혁을 일으켜 성경으로 돌아가자고 외쳤습니다. 잘못된 예배와 전통은 성경보다 형식적인 전통을 우위에 둡니다. 우리는 매일 새로워져야 하며 우리의 삶을 개혁해야 합니다. 옛날에 안주하면 안 되고 과거를 돌이키며 새로운 삶을 향해 나아가야 하는 것입니다. 이렇게 날마다 자기를 성찰하고 우리 자신을 돌아보는 것이 부흥이요, 개혁입니다.

말씀을 깨달은 만큼 따르는 회개

> 그 달 스무나흘 날에 이스라엘 자손이 다 모여 금식하며 굵은 베 옷을 입고 티끌을 무릅쓰며 모든 이방 사람들과 절교하고 서서 자기의 죄와 조상들의 허물을 자복하고(느 9:1-2).

성벽 공사가 끝나고 3주가 흐르는 동안 이스라엘 백성들은 말씀을 듣고 회개하며 변화하기 시작했습니다. 특별히 예배의 변화가 일어났습니다. 새로운 예배는 신령과 진정으로 드리는 예배입니다.

말씀 가운데 "금식하며 굵은 베 옷을 입고 티끌을 무릅썼다"는 것은 회개의 표징입니다. "이방 사람들과 절교하고"라는 말은 이방 사람들과 결혼하지 않았다는 것입니다. 그다음에 진정한 회개가 뒤따랐다는 말이 나옵니다. 지금까지 세상 사람들처럼 살아온 것을 다 회개한 것입니다. 그런데 회개할 때 자기 죄와 자기 조상들의 죄까지 회개하는 것을 볼 수 있습니다. 그들이 이렇게 회개할 수 있었던 것은 말씀으로 깨닫게 되었기 때문입니다.

말씀을 들으면 보이지 않던 죄들이 눈앞에 보입니다. 그래서 말씀을 제대로 묵상할 때 가슴이 울리고 저절로 회개가 뒤따르는 것입니다. 똑같은 말씀이라도 어제가 다르고 오늘이 다릅니다. 그 말씀에서 깨닫는 진리도 새롭습니다. 성경은 내 믿음과 영적 상태만큼 열립니다.

> 이날에 낮 사분의 일은 그 제자리에 서서 그들의 하나님 여호와의 율법책을 낭독하고 낮 사분의 일은 죄를 자복하며 그들의 하나님 여호와께 경배하는데(느 9:3).

그들은 각자의 자리에서 일어서서 낮 시간의 4분의 1은 하나님 여호와의 율법책을 읽고, 4분의 1은 죄를 고백하며 하나님 여호와께 경배했습니다. "낮 4분의 1"이라는 것은 3시간 정도를 의미합니다. 3시간 정도 성경을 읽다 보면 회개할 것이 또 생겨납니다. 옛날에는 다 옳았던 것이 성경을 통해 보니 죄였음을 깨닫는 것입니다.

레위 사람 예수아와 바니와 갓미엘과 스바냐와 분니와 세레뱌와 바니와 그나니는 단에 올라서서 큰 소리로 그들의 하나님 여호와께 부르짖고 또 레위 사람 예수아와 갓미엘과 바니와 하삽느야와 세레뱌와 호디야와 스바냐와 브다히야는 이르기를 너희 무리는 마땅히 일어나 영원부터 영원까지 계신 너희 하나님 여호와를 송축할지어다 주여 주의 영화로운 이름을 송축하올 것은 주의 이름이 존귀하여 모든 송축이나 찬양에서 뛰어남이니이다(느 9:4-5).

일부 레위 사람들은 단상에 서서 하나님께 큰 소리로 경배와 찬양과 예배를 드렸습니다. 그리고 나머지 사람들은 백성들을 향해 외쳤습니다. "모두 일어나서 주 너희 하나님을 영원토록 찬양하라! 주의 영광의 이름을 송축하라! 주께서는 모든 찬송과 찬양 위에 높임을 받으소서." 모두 일어나서 주 하나님을 찬양하라고 했을 때 신앙 고백이 터져 나오기 시작합니다.

오직 주는 여호와시라 하늘과 하늘들의 하늘과 일월성신과 땅과 땅 위의 만물과 바다와 그 가운데 모든 것을 지으시고 다 보존하시오니 모든 천군이 주께 경배하나이다 주는 하나님 여호와시라 옛적에 아브람을 택하시고 갈대아 우르에서 인도하여 내시고 아브라함이라는 이름을 주시고 그의 마음이 주 앞에서 충성됨을 보시고 그와 더불어 언약을 세우사 가나안 족속과 헷 족속과 아모리 족속과 브리스 족속과 여부스 족속과 기르가스 족속의 땅을 그의 씨에게 주리라 하시더니 그 말씀대로 이루셨사오매 주는 의로우심이로소이다(느 9:6-8).

이스라엘 백성들은 하나님이 태초에 천지를 창조하신 일을 고백하고 있습니다. 하늘과 하늘 위의 하늘과 별무리와 이 땅의 모든 것과 바다를 하나님이 창조하셨는데, 그 모든 만물과 우주 공간은 우리 인간이 상상할 수 없을 정도로 놀랍고 광대한 것임을 말합니다.

주께서 우리 조상들이 애굽에서 고난받는 것을 감찰하시며 홍해에서 그들의 부르짖음을 들으시고 이적과 기사를 베푸사 바로와 그의 모든 신하와 그의 나라 온 백성을 치셨사오니 이는 그들이 우리의 조상들에게 교만하게 행함을 아셨음이라 주께서 오늘과 같이 명예를 얻으셨나이다 또 주께서 우리 조상들 앞에서 바다를 갈라지게 하사 그들이 바다 가운데를 육지같이 통과하게 하시고 쫓아오는 자들을 돌을 큰 물에 던짐같이 깊은 물에 던지시고 낮에는 구름기둥으로 인도하시고 밤에는 불 기둥으로 그들이 행할 길을 그들에게 비추셨사오며 또 시내산에 강림하시고 하늘에서부터 그들과 말씀하사 정직한 규례와 진정한 율법과 선한 율례와 계명을 그들에게 주시고 거룩한 안식일을 그들에게 알리시며 주의 종 모세를 통하여 계명과 율례와 율법을 그들에게 명령하시고 그들의 굶주림 때문에 그들에게 양식을 주시며 그들의 목마름 때문에 그들에게 반석에서 물을 내시고 또 주께서 옛적에 손을 들어 맹세하시고 주겠다고 하신 땅을 들어가서 차지하라 말씀하셨사오나(느 9:9-15).

이 말씀은 과거에 일어났던 일입니다. 그것을 다시 마음속에 회상하도록 만들고 있습니다. 어떤 이는 미래란 우리의 과거라고 말합니다. 미래를 생각하면 누구든지 캄캄하고 안개 속을 걷는 것 같습니다. 그런데 과거를 돌이켜 보면 하나님이 내 삶의 등불이 되어 주시고 희망을 주신 것을 깨닫게 됩니다. 그것을 통해 우리는 다시 힘을 얻고 미래를 살아갈 용기를 얻는 것입니다.

다시 기회를 주시는 하나님의 은혜

이스라엘 백성들은 애굽에서 고통받던 때, 홍해가 갈라진 사건, 광야에서 방황하던 시절, 가나안 땅 입성을 떠올렸습니다. 그 과거들을 통해 하나님이 이스라엘 백성들을 얼마나 사랑하시는지, 또 어제나 오늘이나 영원토록 돌보고 계심을 깨달았습니다. 그리하여 하나님의 약속을 의심하지 않고 미래를 바라보게 한 것입니다.

그들과 우리 조상들이 교만하고 목을 굳게 하여 주의 명령을 듣지 아니하고(느 9:16).

하나님은 신실하게 이스라엘 백성들을 보살펴 주시고 기적을 일으키셨지만 그들은 기적을 경험하면서도 금송아지를 만들고 원망과 불평만 늘어놓았습니다. 그래서 하나님의 진노를 사서 광야에서 40년을 방황하게 된 것입니다. 결국 1세대는 그 죄로 가나안 땅에 못 들어가게 됩니다. 이러한 조상들의 교만과 불순종의 죄를 지금 후손들이 회개하며 기도하고 있습니다.

> 거역하며 주께서 그들 가운데에서 행하신 기사를 기억하지 아니하고 목을 굳게 하며 패역하여 스스로 한 우두머리를 세우고 종 되었던 땅으로 돌아가고자 하였나이다 그러나 주께서는 용서하시는 하나님이시라 은혜로우시며 긍휼히 여기시며 더디 노하시며 인자가 풍부하시므로 그들을 버리지 아니하셨나이다(느 9:17).

이스라엘 백성들은 또 계속해서 또 불순종하고 과거로 돌아가려 했습니다. 하지만 하나님은 용서와 사랑과 긍휼의 하나님이시기에 이스라엘 백성들을 버리지 않으셨습니다.

> 또 그들이 자기들을 위하여 송아지를 부어 만들고 이르기를 이는 곧 너희를 인도하여 애굽에서 나오게 한 신이라 하여 하나님을 크게 모독하였사오나(느 9:18).

우리는 늘 교만과 불순종과 고집으로 하나님의 마음을 아프게 합니다. 이 역사는 예나 지금이나 똑같이 반복됩니다. 그래도 하나님은 우리를 용서하시고 품어 주십니다.

주께서는 주의 크신 긍휼로 그들을 광야에 버리지 아니하시고 낮에는 구름 기둥이 그들에게서 떠나지 아니하고 길을 인도하며 밤에는 불 기둥이 그들이 갈 길을 비추게 하셨사오며 또 주의 선한 영을 주사 그들을 가르치시며 주의 만나가 그들의 입에서 끊어지지 않게 하시고 그들의 목마름을 인하여 그들에게 물을 주어 사십 년 동안 들에서 기르시되 부족함이 없게 하시므로 그 옷이 해어지지 아니하였고 발이 부르트지 아니하였사오며 또 나라들과 족속들을 그들에게 각각 나누어 주시매 그들이 시혼의 땅 곧 헤스본 왕의 땅과 바산 왕 옥의 땅을 차지하였나이다(느 9:19-22).

이 얼마나 놀라운 일입니까? 하나님은 우리를 사랑하시고 용서하시고 품어 주시고 은혜를 주시고 또다시 기회를 주신다고 하셨습니다. 이 기회를 절대로 놓치지 마십시오. 은혜를 베푸시는 하나님, 용서하시는 하나님, 희망을 주시는 하나님을 외면하거나 불순종하지 말고 하나님의 힘을 얻어 승승장구해야 합니다. 주님을 찬양하고 섬기고 예배드리고 경배하며 말씀을 듣는 축복이 우리 가운데 임하기를 기도합니다.

12

결국
은혜가 승리할 것입니다

느헤미야 9:23-38

죄의 악순환과 은혜의 순환

악의 순환과 은혜의 순환은 우리가 신앙생활을 하면서 늘 경험하는 일입니다. 일이 잘 풀리고 평화가 임하면 우리 안에 슬그머니 악이 찾아옵니다. 그리고 어느새 불순종하고 목이 곧아지고 교만해지고 원망과 불평이 일어나 하나님을 진노케 합니다.

하나님이 이스라엘 백성들의 죄의 순환을 끊기 위해서 이방인의 손에 붙잡혀 가게 하시고 포로 생활을 하게 하는 고난을 주셨습니다. 포로 생활을 하던 이스라엘 백성들은 고난을 겪으면서 정신을 차리고 하나님께 기도하게 됩니다. 하나님은 이스라엘 백성들의 구원의 요청을 거부하지 못하십니다. 자식이 울면 부모가 자식의 말을 들어주는 것처럼 하나님은 그들에게 은혜를 베풀어 주십니다. 그들의 원수들을 물리쳐 주신 것입니다. 이제 이스라엘 백성들에게 다시 평화가 찾아옵니다.

그런데 여기서 끝이 나면 좋은데 이스라엘 백성들은 또다시 하나님께 불순종하고 원망하고 불평합니다. 하나님은 할 수 없이 그들을 또 이방인의 손에 넘겨주게 되고 고난을 받을 수밖에 없는 상황을 허락하십니다.

여기서 죄의 악순환과 은혜의 순환을 발견할 수 있습니다. 우리가 한 번 회개하고 끝까지 은혜 가운데 머무르면 좋은데 조금만 편해지면 다시 하나님께 불순종하게 됩니다. 이런 죄의 악순환을 거듭하는 우리에게 무조건 복을 줄 수도 없고, 고난만 줄 수도 없는 하나님의 고뇌를 발견할 수 있습니다.

악을 은혜로 갚아 주시는 하나님

이스라엘 백성들은 성벽 공사를 모두 마치고 고향으로 돌아가 평화와 안식을 누렸습니다. 그런데 그들은 영적 목마름으로 말씀을 듣기 원했습니다. 이스라엘 백성들은 학사 에스라에게 말씀을 읽어 주기를 청했고, 말씀을 듣고 회개하고 변화되기 시작했습니다. 이스라엘 백성들이 모두 모여 금식하고 베옷을 입고 머리에 흙먼지를 뒤집어썼다는 것은 회개했다는 뜻입니다.

이것이 말씀을 경험한 사람들의 특징이요, 성령의 역사입니다. 은혜받은 성도들은 집에 가만히 있지 못합니다. 자꾸 교회로 오게 되고, 말씀을 들으려고 하고, 하나님께 기도하게 됩니다.

말씀을 듣는 순간 이스라엘 백성들은 울기 시작했습니다. 말씀이 우리 안에 들어오면 우리의 영혼이 살아나기 시작합니다. 귀가 열리고, 보이지 않던 것이 보이기 시작하고, 느끼지 못했던 것을 느끼기 시작합니다.

저는 1964년도에 처음으로 예수님을 만났습니다. 의외의 장소에서 의외의 방법으로 찾아오신 예수님으로 인해 저는 말씀 가운데 충격을 받고 통곡을 했습니다. 그날 금식을 하고 주님의 환상을 보게 되었습니다. 그때부터 저는 하루 종일 말씀만 붙들며 읽었던 기억이 납니다. 이처럼 우리 영혼이 하나님의 말씀과 마주하게 되면 우리의 죄가 어김없이 드러나고 회개의 눈물을 흘리게 됩니다.

이스라엘 백성들이 지은 죄는 불순종과 교만, 원망과 불평이었습니다. 그들은 자신들의 죄를 깨달으면서 죄의 깨달음은 연속성과 연결성을 가지고 있다는 것을 알게 되었습니다. 하나의 죄를 깨달으면 그다음에 또 새로운 죄를 깨닫게 되는 것입니다. 그래서 그들은 자신들의 죄뿐만 아니라 조상들의 죄까지 회개했습니다. 내죄와 내 조상의 죄가 같다는 것을 알았던 것입니다. 불순종과 원망과 불평 그리고 하나님을 적대시하는 죄의 속성은 2천 년이 지난 지금도 우리 안에서 똑같이 일어나고 있습니다. 그러기에 우리는 죄를 씻어 내기 위해 자꾸 말씀을 듣고 회개해야 합니다. 자꾸만 몸에 쌓이는 때를 벗겨 내야 하는 것입니다. 매일 세수를 하고 머리를 감아야 합니다. 세수를 한 번 했다고 해서 영원히 깨끗한 것이 아닙니다.

이스라엘 백성들은 3주 동안 집회를 가지면서 하루에 3시간은 말씀을 듣고 3시간은 회개를 했습니다. 한 무리의 레위인들은 무대 위에서 하나님을 향해 부르짖고 기도했습니다. 또 한 무리는 백성들을 향해 찬양과 신앙 고백을 하게 했습니다.

과거 이스라엘 백성들이 불평불만을 쏟아 놓았을 때 하나님은 그들을 버리지 않으시고 은혜와 축복을 내려 주셨습니다. 쓴물을 단물로 바꿔 주시고, 바위에서 샘물이 나게 하시고, 하늘에서 만나와 메추라기를 보내 주시고, 아말렉이 공격할 때 여호수아가 나가서 그 원수들의 공격을 막게 해 주셨습니다. 또한 시내산에서 율법을 내려 주셔서 세상을 살아가는 방법을 알려 주시고, 율법에서 넘어진 사람을 구원하기 위하여 성막을 세워 주시고, 불 기둥과 구름 기둥으로 지켜 주셨습니다. 그리고 마침내 요단강을 건너 여리고 성을 무너뜨리고 언약의 땅 가나안을 밟게 해 주셨습니다. 이러한 은혜의 하나님을 이스라엘 백성들은 어려움을 겪을 때마다 회상한 것입니다.

신앙생활이란 이런 것입니다. 과거를 돌이켜 하나님의 은혜를 다시금 깨닫는 것, 그 사실을 확인하고 미래를 바라보는 것입니다. 불가능이 가능해지고, 절망이 희망으로 바뀌는 미래를 발견하게 되는 것입니다.

매번 불평과 불만을 일삼는 이스라엘 백성들과 그들을 감싸 안으시며 은혜를 베푸시는 하나님의 관계는 순환적인 구조를 갖는다고 했습니다. 먼저, 하나님의 은혜와 축복을 받은 이스라엘 백성들은 점차 마음이 해이해지면서 악에 물들게 됩니다. 그 악에 익숙해지고 편안해지면 하나님의 축복을 악으로 되갚는 일을 저지르게 됩니다. 이러한 악의 순환이 시작되면 동시에 하나님의 은혜의 순환도 움직입니다.

하나님은 악을 은혜로 갚아 주십니다. 악의 순환과 은혜의 순환은 끊임없이 돌아갑니다. 이스라엘 백성들은 애굽에 있을 때나 광야에 있을 때나 젖과 꿀이 흐르는 가나안 땅에 들어갔을 때나 짧은 순간을 참지 못하고 하나님 원망하기를 일삼습니다. 조금만 더 참고 순종하면 은혜의 축복이 계속될 텐데 말입니다.

그런데 본문 말씀을 보면 악의 순환의 고리가 깨지고 은혜의 순환이 승리하는 것을 봅니다. 이것이 역사입니다. 지금 세상도 악과 선의 싸움이 계속되고 있습니다. 어느 순간에는 악이 승리하고 선이 패배할 것처럼 느껴질 때도 있습니다. 자연이 병들고, 지진, 폭풍, 화재 등 자연의 대재앙이 벌어지는 것을 보면 두려움이 앞섭니다. 세계 곳곳에서는 전쟁과 분쟁이 끊이지를 않습니다. 마치 하나님의 은혜는 보이지 않고 역사의 악순환만 계속되고 있는 느낌이 듭니다. 하지만 두려워하지 마십시오. 하나님의 은혜가 승리할 것입니다.

주께서 그들의 자손을 하늘의 별같이 많게 하시고 전에 그들의 열조에게 들어가서 차지하라고 말씀하신 땅으로 인도하여 이르게 하셨으므로(느 9:23).

말씀을 보면 하나님은 이스라엘 백성들을 별들처럼 자손을 번

창하게 해 주시겠다고 약속하십니다. 불가능해 보이던 그 약속이 점차 성취되고 있습니다. 그런데 또 한편에서는 죄의 악순환이 시작됩니다. 하나님은 은혜를 베푸시는데, 이스라엘 백성들은 불순종의 모습을 보이고 있는 것입니다.

> 그들은 순종하지 아니하고 주를 거역하며 주의 율법을 등지고 주께로 돌아오기를 권면하는 선지자들을 죽여 주를 심히 모독하였나이다 그러므로 주께서 그들을 대적의 손에 넘기사 그들이 곤고를 당하게 하시매 그들이 환난을 당하여 주께 부르짖을 때에 주께서 하늘에서 들으시고 주의 크신 긍휼로 그들에게 구원자들을 주어 그들을 대적의 손에서 구원하셨거늘(느 9:26-27).

만약 우리가 세상에서 손해를 보고 사람들에게 무시당해도 하나님을 순종하고 따르면 악의 순환의 덫에 걸리지 않을 것입니다. 그런데도 핍박과 어려움이 계속된다면 그것은 사람과의 사이에 문제가 있는 것이 아니라 하나님과의 관계에 문제가 많음을 깨달아야 합니다.

주님의 재림과 심판

다시 주의 율법을 복종하게 하시려고 그들에게 경계하셨으나 그들이 교만하여 사람이 준행하면 그 가운데에서 삶을 얻는 주의 계명을 듣지 아니하며 주의 규례를 범하여 고집하는 어깨를 내밀며 목을 굳게 하여 듣지 아니하였나이다 그러나 주께서 그들을 여러 해동안 참으시고 또 주의 선지자들을 통하여 주의 영으로 그들을 경계하시되 그들이 듣지 아니하므로 열방 사람들의 손에 넘기시고도 주의 크신 긍휼로 그들을 아주 멸하지 아니하시며 버리지도 아니하셨사오니 주는 은혜로우시고 불쌍히 여기시는 하나님이심이니이다(느 9:29-31).

하나님이 간절하게 이스라엘 백성들을 부르고 찾으셨지만 그들은 하나님께 응답하지 않고 계속 저항을 했습니다. 이 악의 순환과 은혜의 순환은 결국 주님의 재림과 심판으로 정리가 됩니다. 계속 악순환이 이어지다가 갑자기 재앙과 심판이 다가오게 되는 것입니다. 그때 악의 순환의 고리가 깨져 죄인들은 영원한 불구덩이 속으로 들어가고 믿음의 사람들은 하나님의 은혜로 하늘로 올라가게 됩니다.

이 사실을 믿지 못하면 우리는 이 세상에서 은혜로 살아갈 능력을 잃어버립니다. 주님은 반드시 다시 오십니다. 우리의 역사는 언젠가 끝이 나게 되어 있습니다. 역사의 시작이 있으면 끝도 있는 법입니다. 그날이 멀지 않았습니다.

베드로전후서는 주님의 재림에 대해 굉장히 깊이 있는 글을 담고 있습니다. 베드로는 주님이 곧 오실 것이며, 그것도 도둑같이 갑자기 올 것이라고 말합니다. 또한 심판이 있을 것이니 준비하라고 말합니다.

> 그러므로 너희 마음의 허리를 동이고 근신하여 예수 그리스도께서 나타나실 때에 너희에게 가져다 주실 은혜를 온전히 바랄지어다 너희가 순종하는 자식처럼 전에 알지 못할 때에 따르던 너희 사욕을 본받지 말고 오직 너희를 부르신 거룩한 이처럼 너희도 모든 행실에 거룩한 자가 되라(벧전 1:13-15).

이것이 이 시대를 살아가는 해답입니다. 마치 물과 기름이 섞일 수 없듯이 우리는 사탄과 악과 섞일 수 없습니다. 우리는 거룩한 하나님의 자녀로 거룩한 행실과 성경 말씀을 따라 이 악한 세상 한복판에서 살아가고 있는 것입니다. 이 세상은 신앙대로 살기에 참 힘든 곳입니다. 역사와 전통과 주변 사람들의 눈치를 보고 체면을 차려야 하는 세상입니다. 그러니 예수님을 제대로 믿지 못합니다. 우리가 처한 환경도 부수고 사람들의 죄도 무너뜨려야 하는데, 우리가 할 수 있는 것은 미약하기만 합니다.

주님 오실 날을 사모하라

죄의 악순환이 계속되는 상황에서 우리는 과연 무엇을 할 수 있을 까요? 베드로전서는 다음과 같은 대답을 해 주고 있습니다.

그러므로 하나님의 능하신 손 아래에서 겸손하라 때가 되면 너희를 높이시리라 너희 염려를 다 주께 맡기라 이는 그가 너희를 돌보심이라 근신하라 깨어라 너희 대적 마귀가 우는 사자같이 두루 다니며 삼킬 자를 찾나니 너희는 믿음을 굳건하게 하여 그를 대적하라 이는 세상에 있는 너희 형제들도 동일한 고난을 당하는 줄을 앎이라 모든 은혜의 하나님 곧 그리스도 안에서 너희를 부르사 자기의 영원한 영광에 들어가게 하신 이가 잠깐 고난을 당한 너희를 친히 온전하게 하시며 굳건하게 하시며 강하게 하시며 터를 견고하게 하시리라 권능이 세세무궁하도록 그에게 있을지어다 아멘(벧전 5:6-11).

하나님의 능력 안에서 겸손하고, 세상 사람들처럼 악을 악으로 대하지 말라고 말합니다. 그러면 하나님이 우리를 살게 하시고, 높이 세우시고, 은혜를 베풀어 주시고, 축복을 더해 주실 것이라고 말합니다. 고난은 잠깐이라고 했습니다. 우리가 이 시대를 사는 방법은 근심을 주님께 맡겨 버리는 것입니다.

한번은 C.C.C를 창설한 빌 브라이트의 부인이 한국에 와서 설교를 한 적이 있었습니다. 그 설교의 주제는 "근심을 맡겨 버리라"였습니다. 그녀는 남편과 관련된 한 에피소드를 이야기해 주었습니다. 신문 기자가 빌 브라이트를 찾아와서 이런 질문을 했습니다. "당신에게는 근심 걱정이 없습니까?" 빌 브라이트가 대답하기를 "나에게는 근심 걱정이 전혀 없습니다"라고 했습니다. 그런데 기자가 집요하게 이 문제를 추궁하며 여러 번 똑같은 질문을 던졌습니다. "그것은 말이 안 됩니다. 이 세상에 근심 걱정 없는 사람이 어디 있습니까? 그것은 위선입니다." 그러자 빌 브라이트가 "나는 근심 걱정을 주님께 맡겨 버렸습니다. 그러니 나에게는 근심 걱정과 문제가 없습니다"라고 대답했습니다.

그렇습니다. 우리는 때때로 근심과 걱정을 붙들어 매고 삽니다. 근심과 걱정의 발목을 우리 자신이 붙잡고 있는 것입니다. 이 종말의 시대에 우리가 사는 방법은 근심을 빨리 주님께 던져 버리는 것입니다. 고난이 깊을수록 근심 걱정을 바라보기보다는 하나님을 바라보십시오. 그분께서 해결해 주실 것입니다. 또한 우리를 온전하게 하시고, 굳건히 세우시고, 강하게 하실 것입니다.

그러나 주의 날이 도둑같이 오리니 그날에는 하늘이 큰 소리로 떠나가고 물질이 뜨거운 불에 풀어지고 땅과 그중에 있는 모든 일이 드러나리로다 이 모든 것이 이렇게 풀어지리니 너희가 어떠한 사람이 되어야 마땅하냐 거룩한 행실과 경건함으로 하나님의 날이 임하기를 바라보고 간절히 사모하라 그날에 하늘이 불에 타서 풀어지고 물질이 뜨거운 불에 녹아지려니와 우리는 그의 약속대로 의가 있는 곳인 새 하늘과 새 땅을 바라보도다(벧후 3:10-13).

이미 느헤미야 시대에 이런 악의 순환과 은혜의 순환이 있었습니다. 이스라엘 백성들이 광야에서 40년 동안 방황할 때도, 가나안 땅에 들어가서도 계속된 일입니다. 그리고 신약 시대와 오늘에 이르기까지 두 순환의 고리는 계속 이어지고 있습니다.

우리는 성경 말씀을 통해 믿음을 얻습니다. 믿음은 우리가 갖고 싶다고 해서 생기는 것이 아닙니다. 말씀을 먹으면 내 안에 말씀이 들어와 믿음이라는 뿌리를 내리게 됩니다. 그러면서 영적인 사람, 믿음의 사람, 능력의 사람으로 변화되는 것입니다.

주님은 언젠가 분명히 다시 오십니다. 그때까지 우리는 악과 대적하며 하나님의 뜻을 지키고 살아야 합니다. 물론 고난과 고통이 따를 것입니다. 하지만 그것은 영원하지 않습니다. 언젠가 그 고통의 세월을 돌아보며 웃으면서 이야기할 날이 올 것입니다. 우리가 견디지 못할 고통은 없습니다. 고난과 역경의 순간은 반드시 지나갑니다.

말세가 다가올수록 우리 그리스도인들은 거룩한 행실과 경험함으로 주님 오실 것을 사모해야 합니다. 약속대로 그날에 새 땅이 임할 것입니다. 우리에게는 과거, 현재, 미래만 있는 것이 아니라 미래 이후의 세상도 있음을 기억하십시오. 이 약속을 믿으면 두려움이 없어집니다.

우리가 이 모든 일로 말미암아 이제 견고한 언약을 세워 기록하고 우리의 방백들과 레위 사람들과 제사장들이 다 인봉하나이다 하였느니라(느 9:38).

우리는 지금까지 인간의 불순종과 하나님의 은혜가 계속 교차하는 것을 보았습니다. 그것이 이스라엘 역사의 대부분을 이룹니다. 그런데 이제 하나님의 말씀을 들으면서 이스라엘 백성들이 처음으로 하나님의 비전을 보게 됩니다. 그들은 통곡하며 울었습니다. 그리고 어떻게 살아야 할 것인가에 대해 생각하고 문서로 남겨 제사장들과 레위 사람들이 이스라엘 백성들을 대표하여 서명합니다. 여기서 문서를 만들고 서명한다는 것은 법적 효력이 있음을 의미합니다.

종말은 곧 옵니다. 그러나 종말을 두려워하지 마십시오. 그날이 가까울수록 우리에게는 새 하늘과 새 땅이 보이는 것입니다. 구원의 마지막 날 하나님의 승리를 보게 될 것입니다. 하나님의 은혜는 계속되고, 악은 종말에 무너지게 된다는 사실을 믿고 용기와 담대함으로 세상을 살아가기를 바랍니다.

13

삶이 조금 불편해도
행복합니다

느헤미야 10:1-39

그리스도인답게 산다는 것

이스라엘 백성들은 무너진 성벽을 52일 만에 목숨을 걸고 재건했습니다. 성벽을 재건할 때는 많은 방해가 있었습니다. 그런 모진 고난 끝에 공사를 완성하고 나자 처음에는 기쁨이 충만했는데 얼마 가지 않아 허전함을 느꼈습니다. 영적으로 갈급했던 것입니다. 그래서 이스라엘 백성들은 성전으로 모였고, 학사 에스라는 두루마리로 만들어진 말씀을 듣고 읽었습니다. 백성들은 그 말씀에 스스로를 비춰 보면서 말씀대로 살지 못하고 위선과 형식적으로 살았다는 것을 깨닫게 됩니다.

신앙생활에서 가장 무서운 것이 바로 종교적 위선입니다. 우리가 하나님 믿는 척, 교회 나오는 척, 기도하는 척하지만 실제로 내 마음의 중심에는 그것이 없는 경우가 많습니다.

학사 에스라가 두루마리로 성경 원본을 읽어 주자 이스라엘 백성들은 마치 거울 앞에 선 것처럼 자신을 돌이켜 볼 수 있었습니다. 그들은 통곡하고 금식하기 시작했습니다. 그리고 '애굽에 있을 때 하나님이 어떻게 우리를 지켜 주셨나, 홍해를 어떻게 건넜나, 40년 동안 광야에서 어떻게 하셨나'를 돌아보게 되었습니다. 그들은 고난을 기억했고, 하나님의 은혜를 기억했습니다. 그들은 회개하기 시작했습니다.

회개란 말씀 앞에서 자기를 돌아보는 것입니다. 많은 사람들이 회개할 때 한바탕 울고 가슴 치고 금식하고 철야기도 하고 나서는 다시 옛날로 돌아갑니다. 오늘 회개했다고 하더라도 며칠 지나면 옛날로 다시 돌아가는 것이 인간의 본성입니다.

그래서 이스라엘 백성들은 자기 자신의 잘못을 문서로 작성했습니다. 다시는 옛날처럼 살지 않겠다고 서명했습니다. 우리는 죄의 본성, 죄의 문화를 가지고 있기 때문에 조금이라도 여유를 주면 쉽게 옛날로 돌아갑니다.

그리스도인에게 진정한 개혁은 말씀으로 돌아가는 것입니다. 지금 한국 교회나 세계 교회가 다 망해 가고 있습니다. 미국과 많은 선진국들이 마약과 매춘, 동성애 등 하나님이 싫어하시는 죄악으로 온통 뒤덮여 있습니다. 이런 때일수록 청교도 정신을 되살려야 합니다. 그렇지 않으면 망할 수밖에 없습니다.

과거에 하나님이 축복하셨다고 해도 신앙을 포기하면 앞으로 큰 어려움을 겪을 수밖에 없습니다. 우리나라도 마찬가지입니다. 어려운 시절에는 오히려 하나님을 붙들고 순수한 믿음과 신앙으로 살았습니다. 그런데 지금은 어떻습니까? 살 만해지고 부유해지니까 우리의 능력으로 살 수 있다는 착각에 빠져 하나님을 외면하기 시작했습니다. 하나님의 말씀을 중요하게 생각하지 않게 된 것입니다. 우리 한국 교회는 바람 앞의 촛불입니다. 말씀을 버리면

멸망에 이릅니다.

느헤미야의 개혁 정신은 말씀으로 돌아가자는 것이었습니다. 그러면 말씀으로 돌아가기만 하면 만사형통할까요? 그렇지 않습니다. 말씀대로 사는 것은 어려운 일입니다. 일본의 유명한 건축가 안도 타다오(安藤忠雄)는 집을 굉장히 불편하게 지었습니다. 그 이유를 묻자 그는 "집은 불편해야 한다"고 대답했습니다. 그래야 사람답게 산다는 것입니다. 우리는 말씀을 따라 조금은 불편하게 살아야 합니다. 그것이 그리스도인답게 사는 것입니다.

먼저 헌신하기로 서약한 사람들

많은 사람들이 느헤미야의 개혁 정신에 동의하고 사인을 했습니다. 그들 중에는 제사장 무리와 레위 사람들, 백성들의 지도자 무리가 있었습니다.

마아시야, 빌개, 스마야이니 이는 제사장들이요 또 레위 사람 곧 아사냐의 아들 예수아, 헤나닷의 자손 중 빈누이, 갓미엘과(느 10:8-9).

또 백성의 우두머리들 곧 바로스, 바핫모압, 엘람, 삿두, 바니(느 10:14).

또한 그 나머지 백성들, 곧 제사장들, 레위 사람들, 성전 문지기들, 노래하는 사람들, 성전에서 물을 기르고 땔감 나무를 해 오는 느디님 사람들, 하나님의 율법을 위해 다른 민족들과 스스로 구별한 사람들과 그 아내들과 아들딸들, 지각과 통찰력이 있는 사람들이 하나님의 율법을 따르고 여호와의 계명과 규례와 율례를 잘 지키기로 맹세했습니다.

> 그 남은 백성과 제사장들과 레위 사람들과 문지기들과 노래하는 자들과 느디님 사람들과 및 이방 사람과 절교하고 하나님의 율법을 준행하는 모든 자와 그들의 아내와 그들의 자녀들 곧 지식과 총명이 있는 자들은 다 그들의 형제 귀족들을 따라 저주로 맹세하기를 우리가 하나님의 종 모세를 통하여 주신 하나님의 율법을 따라 우리 주 여호와의 모든 계명과 규례와 율례를 지켜 행하여(느 10:28-29).

이렇게 자기 이름을 서명한 이유는 말씀대로 사는 것이 쉬운 일이 아니기 때문입니다. 인간은 자기 마음대로 하고픈 본능이 있습니다. 그런데 본능대로, 하고 싶은 대로 살다 보면 이 세상은 무질서해집니다. 그러므로 하나님이 원칙을 적은 모세의 율법을 주신 것입니다.

이때 지도자 그룹이 먼저 나서서 율법을 지키기로 맹세함으로 백성들에게 모범을 보입니다. 하나님의 말씀을 맡은 레위인들과 제사장들이 자신들의 이름을 적고 맹세한 것입니다. 좋은 리더를 만나면 그 나라는 위기를 극복하고 행복해집니다. 가정도 마찬가지입니다. 한 집의 가장인 아버지가 살면 가정이 삽니다.

지도자의 위치에 있는 사람들은 자기 마음대로 권력을 휘두르기보다는 더 절제하고 겸손한 자세로 살아야 합니다. 지도자들 중에서 가장 중요한 지도자는 종교 지도자입니다. 목회자들, 장로들, 교회 직분자들은 세상에 모범을 보이는 자들이 되어야 합니다. 하나님으로부터 받은 리더십을 제대로 행하지 않으면 많은 사람들이 교회에서 상처받고 떠나게 됩니다.

하나님께 약속한 것들

다 그들의 형제 귀족들을 따라 저주로 맹세하기를 우리가 하나님의 종 모세를 통하여 주신 하나님의 율법을 따라 우리 주 여호와의 모든 계명과 규례와 율례를 지켜 행하여(느 10:29).

이스라엘 백성들은 하나님의 종 모세를 통해 주신 하나님의 율법을 따르고 여호와의 모든 계명과 규례와 율례를 잘 지키기로 맹세했습니다. 그리고 이것을 어기면 저주를 달게 받겠다고 말합니다. 그냥 맹세한 것이 아니라 저주받을 각오로 약속한 것입니다. 사실 모세의 계명과 규례와 율법은 복잡해 보이지만 하나의 이론을 담고 있습니다. 그것은 바로 하나님을 잘 섬기고 말씀대로 행하는 것입니다.

지금의 유대인들도 그 계명을 잘 지키고 있습니다. 돈을 들여서라도 히브리어와 히브리 문화, 히브리 전통 절기를 가르칩니다. 자신들의 문화와 전통을 후세대들에게 부지런히 가르치기에 세대간 가치관 차이가 크지 않습니다. 그들은 하나님 중심으로 살기 때문에 하나님 안에서 하나가 됩니다. 어른이나 아이나 안식일을 지키고, 금요일 저녁에는 집에 모여 촛불을 켜 놓고 빵과 떡을 먹습니다. 이스라엘 백성들이 지금까지 전 세계의 디아스포라로 흩어져 살면서도 경제적, 사회적으로 튼튼하게 존재하는 것은 율법과 규례와 계명을 잘 지켰기 때문입니다.

그러나 지금 우리 그리스도인들은 성경대로 살지 않는 이들이 많습니다. 세상 사람들의 눈치를 보며 사느라 그리스도인으로서 발해야 할 빛을 내지 못하고 있습니다. 세상이 우리를 보고 '저들이 바로 하나님을 믿는 사람들이구나' 하고 감동을 받아야 하는데, 과연 우리는 그런 삶을 살고 있습니까? 불신자들을 전도할 때 그들은 우리의 모습과 삶을 보고 신앙을 받아들입니다. 그들은 우리의 삶에서 뭔가 다른 것을 찾으려 합니다. 그리고 세상과 다른 희생, 사랑, 용서를 발견할 때 감동을 받고 신앙과 믿음에 눈뜨게 됩니다.

이제 이스라엘 백성들은 자기 자녀들을 이방 민족과 혼인시키지 않겠다는 약속을 합니다. 그 당시 이방인들은 하나님이 아닌 우상을 섬겼습니다. 그런 우상을 섬긴 가정에서 태어난 사람과 혼인하면 그 우상 문화도 같이 따라오게 됩니다. 그 대표적인 예가 솔로몬입니다. 솔로몬은 천 명이나 되는 여자들을 거느렸는데, 상당수가 우상을 섬기는 여인들이었습니다. 그 여인들이 매일매일 우상 숭배를 하게 해 달라고 조르니 끝내 그것을 허락한 것입니다.

또한 이스라엘 왕 중에 악한 왕이었던 아합도 이방 여인인 이세벨을 부인으로 맞아 그녀가 시키는 대로 했습니다. 여기서 중요한 것은 국제결혼을 하지 말라가 아니라 신앙을 지켜야 한다는 점입니다. 세상적으로 잘나가는 사람이 아니라, 하나님 중심으로 사는 사람과 결혼해야 하는 것입니다.

이스라엘 백성들은 안식일과 희년을 잘 지키겠다고도 약속합니다. 저는 이스라엘 여행을 여러 차례 했는데, 유대인들은 토요일이 되면 엘리베이터 올라가는 층수의 버튼도 누르지 않는 것을 봤습니다. 모든 버튼이 미리 눌러져 있었습니다. 그들은 버튼을 누르는 것도 노동이라고 생각하는 것입니다. 유대인들은 그 정도로 안식일을 철저하게 지킵니다.

요즈음 우리는 안식일을 일주일에 하루가 아닌 두 시간으로 생각하는 것 같습니다. 교회 오가는 데 1시간, 예배 드리는 데 1시간 정도 할애하고 나면 안식일을 지켰다고 여기는 것입니다.

우리는 하나님의 말씀대로 안식일을 거룩하게 지켜야 합니다.

안식일을 지키면 일생 전체를 놓고 볼 때 안식일이 우리의 인생을 지켜 주는 것임을 알 수 있습니다. 우리의 삶은 쳇바퀴 돌듯이 너무 정신없이 돌아갑니다. 그래서 일주일에 한 번은 쉬어야 합니다. 머리도 쉬고 몸도 쉬고 마음도 쉬면서 세상과 물질에 붙어 있었던 자신을 하나님에게로 접붙임 시키는 것입니다. 그것이 안식일입니다.

많은 성도들이 안식일에 교회에서 봉사를 합니다. 느디님 사람들처럼 주일학교 교사 등 다양한 일을 합니다. 타 교회에 출석하시는 장로님 한 분은 평신도지만 주일이면 예배를 드리고 나서 병원을 돌아다니며 심방을 합니다. 또 미국의 한 교회에서는 여전도회 성도들이 주일에 교회에 와서 예배 드린 후 암 환자들의 집을 찾아다니며 봉사하는 것을 봤습니다. 환우들이 있는 집에 가서 빨래도 해 주고 청소도 해 주고 음식도 만들어서 갖다 줍니다.

어떤 성도들은 주일에 예배 드리고 나서 바로 골프 치러 가거나 자기 볼일을 보러 다닙니다. 놀러 가는 사람도 있고 영화 보러 가는 사람도 많습니다. 그러나 안식일은 온전히 주님 안에서 지켜야 하는 날임을 명심해야 합니다.

이스라엘 백성들은 성전에 제물을 잘 드리겠다고도 약속했습니다. 성전을 운영하려면 돈이 듭니다. 그 당시 사람들은 하나님도 잊으셨으리라 생각하며 헌금을 하지 않고 절기세나 제사세도 내지 않았습니다. 그러니 당연히 하나님의 교회가 제대로 관리되지 못한 것입니다. 그들이 하나님께 한 약속에는 첫 열매를 드리겠다는 약속도 있었습니다. 아들을 낳으면 첫 자식을 하나님께 드리고, 짐승도 첫 새끼를 드리고, 곡식도 그러했습니다. 십일조에 대한 약속도 있었습니다.

이 세상에는 돈이 많아도 항상 부족한 사람이 있고, 돈이 없어도 항상 풍성하게 사는 사람이 있습니다. 십일조를 내고 교회 생활 잘하는 사람들은 부유하나 가난하나, 돈이 있으나 없으나 항상 넉넉하게 삽니다.

이 모든 것이 구약의 율법이라고 무시해서는 안 됩니다. 오늘날의 시대에도 구약 율법의 정신은 계속되어야 합니다. 물론 예수님에게서 모든 것이 완성되었지만, 구약의 종교 생활은 지금도 유효한 것입니다. 요즘 그리스도인들이 세상의 존경을 받지 못하는 것은 청교도인 같은 삶이 없기 때문입니다.

> 곧 이스라엘 자손과 레위 자손이 거제로 드린 곡식과 새 포도주와 기름을 가져다가 성소의 그릇들을 두는 골방 곧 섬기는 제사장들과 문지기들과 노래하는 자들이 있는 골방에 둘 것이라 그리하여 우리가 우리 하나님의 전을 버려 두지 아니하리라(느 10:39).

그들은 경제 문제를 놓고 하나님 앞에서 서약했습니다. 이것이 헌신이요, 교회의 원리이자 천국의 원리입니다. 이것이 있을 때 교회가 잘 돌아갑니다. 구약의 율법과 생활은 우리가 배우고 익혀야 할 말씀입니다. 그래야 우리의 얼굴이 빛나고 기도가 터져 나오고 믿음이 생기는 것입니다.

4부

날마다 삶의 개혁을 향해

느헤미야 11:1-13:31

신앙이란 변화하는 것입니다.
어제와 오늘이 다르고, 오늘과 내일이 다르고,
올해와 내년이 다릅니다.
외적으로 무너진 나의 성벽, 나의 습관, 언어,
사고방식 등이 모두 변해야 합니다.
비록 영적 전쟁을 겪으며, 사탄으로부터
수없이 공격과 모함을 받을지라도 말입니다.

14

신앙이란
어제와 오늘이 다른 것입니다

느헤미야 11:1-36

말씀을 통해 삶을 들여다보다

느헤미야 당시 예루살렘 성은 사람이 안전하고 편안하게 살 만한 도시가 아니었습니다. 성벽이 무너지고 성문은 훼파되고 도둑과 강도들이 득실거렸습니다. 아무리 좋은 집도 주인이 살지 않으면 폐허가 됩니다.

비록 성벽을 재건하고 성문을 다시 세웠지만 아직도 예루살렘 성안은 썰렁하고 강도와 도둑이 창궐했을 것입니다. 그 상황을 상상해 보십시오. 누가 거기에서 살려고 하겠습니까? 아무리 예루살렘 성이라 할지라도 그곳을 모두 피하고 싶었을 것입니다. 언제 어떤 피해를 볼지 모르기 때문입니다.

우리나라 연평도에 폭격이 가해졌을 때도 그 섬에 사는 사람들의 마음이 이러했을 것입니다. 고향으로 돌아가고 싶지만 언제 또 폭탄이 터질지 모르는 상황이기 때문에 불안하고 공포스러운 것입니다.

느헤미야와 하나님의 종들은 힘을 합쳐서 성벽을 건축했습니다. 성벽을 건축하고 나니 일단 외부 세력으로부터의 공격은 막게 됐는데 이스라엘 백성들은 이상하게도 허전했습니다. 인간의 심리가 큰일을 치르고 나면 허전함을 느낍니다. 그런데 왜 허전할까요? 그것은 말씀에 대한 갈급함 때문이었습니다.

이스라엘 백성들이 모두 고향으로, 집으로 돌아갔지만 어쩔 줄 몰라했습니다. 집을 지을 때는 집짓는 게 목적이었는데 집을 다 짓고 나니 마음이 갈급했던 것입니다. 그래서 학사 에스라를 불러서 하나님의 말씀을 읽었습니다.

이스라엘 백성들은 말씀을 듣다 보니 마치 거울을 보듯이 자기 자신을 보는 것 같았습니다. 진짜를 보니 자기 내면에 있는 가짜가 보인 것입니다. 이스라엘 백성들은 말씀을 듣는 순간 '내가 잘못 살아왔구나. 내가 변명하면서 살아왔구나. 내가 위선적으로 살아왔구나'라는 생각을 하게 되었습니다. 그 생각을 하는 순간 마음 가운데 찔림을 받고 하나님의 말씀 앞에서 통곡하며 울었습니다. 여기서 좀 더 나아가 금식하기 시작합니다. 이것이 바로 성벽을 재건한 후 이스라엘 백성들이 보인 행동입니다.

이스라엘 백성들은 진짜 말씀을 듣고 가짜로 살아왔던 자신의 삶을 돌아보게 됩니다. 무엇을 잘못했는지 생각만 한 것이 아니라 조목조목 적기 시작했습니다. 그리고 서명했습니다. 이것이 느헤미야 10장까지의 이야기입니다.

문제 해결을 위한 하나님의 선택

이제 이스라엘 백성들이 당면한 문제는 무엇입니까? 외적으로는 성벽을 다 재건했는데 말씀을 듣고 보니 이스라엘 성벽을 쌓는 게 문제가 아니라 이스라엘 내부적으로 문제가 있음을 깨닫게 되었습니다.

은혜를 받으면 가장 먼저 자기의 거짓된 겉모양을 보게 됩니다. 하나님이 내가 위선자로 살아왔다는 것을 깨닫게 해 주십니다. 말씀을 받으면 자신의 내면의 세계가 보이기 시작합니다. 그 당시 이스라엘 백성들은 부서진 집, 잡초가 무성하게 자라난 땅, 파헤쳐진 길처럼 망가진 내면의 세계를 보고 충격을 받았습니다.

여기서 발견할 수 있는 것은 믿음의 첫 단계에서는 자신의 외면을 본다는 것입니다. 그러나 믿음이 깊어질수록 자신의 내면을 보게 됩니다.

에스겔서를 보면 성전에서 물이 나오는데 처음에는 발목까지 차오릅니다. 그러다가 무릎까지 차오르고, 그다음에 허리까지 차오르고, 그다음에 가슴까지 차오릅니다. 나중에는 헤엄쳐야 될 정도로 물이 참니다. 이처럼 자신의 신앙 상태가 발목까지 찬 신앙인지, 무릎까지 찬 신앙인지, 허리까지 찬 신앙인지 잘 모르다가 말씀을 들으면서 자신의 신앙 상태를 보게 됩니다.

그런데 문제가 생겼습니다. 과연 누가 예루살렘 성에 들어가서 살겠느냐는 것입니다. 회개와 뉘우침의 시간을 가진 이스라엘 백성들은 이제 예루살렘 성에 남을 자들을 정해야 했습니다.

백성의 지도자들은 예루살렘에 거주하였고 그 남은 백성은 제비 뽑아 십분의 일은 거룩한 성 예루살렘에서 거주하게 하고 그 십분의 구는 다른 성읍에 거주하게 하였으며(느 11:1).

성안에 들어가 잡풀을 정리하고 집을 고치고 사람 살 곳으로 정리할 책임을 진 사람들은 바로 백성의 지도자들이었습니다. 지도자가 모범을 보이면 백성들은 기쁘게 따라갑니다. 지도자가 희생하면 따르는 자들도 희생합니다. 그러면 고통이 축제가 되고, 슬픔이 기쁨으로 변하며 그 도시가 살아나기 시작합니다. 이스라엘 백성의 지도자들은 두말할 것도 없이 예루살렘 성으로 들어가서 살기로 결심했습니다.

그다음은 제비를 뽑아 10분의 1을 성안에 넣었습니다. 왜 제비를 뽑았을까요? 의외로 자원하는 사람이 많았던 것입니다. 더럽혀진 하나님의 집을 깨끗하게 정리하고 싶은 의지가 각 사람들의 마음속에서 불타올랐습니다. 그래서 10분의 1을 뽑아 예루살렘 성안에 넣은 것입니다.

제비뽑기란 하나님이 선택하셨다는 의미입니다. 그래서 고난이 있지만 기쁘고, 더 열심히 최선을 다해 살게 됩니다. 제비뽑기는 여호수아가 가나안 땅에 들어가 땅을 분배할 때에도 쓰인 방법입니다. 서로 좋은 땅을 가지려고 하니까 제비뽑기를 한 것입니다. 이스라엘 백성들이 왕을 세워 달라고 할 때도 제비를 뽑았습니다.

결국 제비뽑기란 사람이 후보자를 세우지만 선택은 하나님이 하신다는 믿음이 밑바탕에 깔려 있습니다. 예루살렘 성안에 들어가 살기 원하는 사람들은 많았지만 하나님은 10분의 1만 그 성에 들어가도록 허락하셨습니다.

보냄을 받은 사람들과 동역자들

성안에 들어간 사람들은 어떻게 살았을까요? 그들은 고난과 고통을 두려워하지 않았을 것입니다. 위험한 밤도 무섭지 않았을 것입니다. 먹을 것도 없고, 험악한 도시지만 그들은 최선을 다해 그 도시를 깨끗하게 만들기 시작했습니다. 이스라엘에 가 보면 팔레스타인은 매우 지저분합니다. 그런데 이스라엘은 아주 깨끗합니다. 반듯하고 냄새도 나지 않는 것이 팔레스타인과 대조적입니다. 하나님의 백성들이 사는 곳은 이처럼 깨끗하고 늘 단정합니다. 왜냐하면 최선을 다해 열심히 살기 때문입니다.

제비뽑기로 10분의 1을 뽑는 것은 교회에서 선교사를 파송하는 것과 비슷합니다. 또한 교회의 일꾼을 뽑는 것과 같습니다.

선교사로 파송받게 되면 많은 것을 포기해야 합니다. 자녀들의 교육도 포기해야 하고, 안락한 가정의 삶도 포기해야 합니다. 직장도 포기해야 합니다. 선교사로 가기로 결정하는 순간 포기할 것이 너무나 많습니다. 또한 교회에서 직분자가 되면 더 많은 시간을 내야 하고, 봉사도 남들보다 더 많이 해야 하고, 헌금도 더 많이 해야 합니다. 그러나 대가는 오해를 많이 받고 비난도 많이 받는 것입니다. 그래도 교회가 선교사를 파송하고 직분자를 세우는 이유가 있습니다. 바로 선택 때문입니다. 선택을 받았다는 확신이 없으면 아무것도 못합니다. 하나님의 부르심이 없으면 선교사로 못 나갑니다.

교회 일도 부르심이 없으면 일에 지치고, 짜증 나고, 무관심하게 됩니다. 재직이 된다는 것, 집사가 되고 권사가 되고 장로가 되고 목사가 되는 것은 명예가 아닙니다. 고생하는 길입니다.

동경 온누리교회를 담임하고 있는 장재윤 목사님이 어느 날 어떤 분이 너무 목회가 힘들다고 불평해서 "당신 목사가 뭔지 아시오? 밟히는 것입니다. 영광을 받는 자리가 아니고 밟히는 것이 목사입니다"라고 대답했다고 합니다.

그렇습니다. 영광받고 박수받기 위해 선교사가 되는 것이 아닙니다. 누가 알아주기를 바라고 선교사가 되는 것이 아닙니다. 교회에서 좀 더 높은 지위에 있기 위해서 장로가 되고, 집사가 되는 것이 아닙니다. 마치 무너진 이스라엘 성안의 모습을 보면서 너도 나도 그 성안에 들어가서 먼저 하나님의 집을 깨끗하게 만들겠다는 열정에 불타는 이스라엘 사람들의 마음과 같은 것입니다.

선교사들이 왜 모든 것을 포기하고 선교지로 갈까요? 돈도 없고, 도와주는 사람도 없고, 알아주는 사람도 없지만 복음을 한 번도 들어보지 못한 미전도 종족을 보았기 때문에 가는 것입니다. '내가 가지 않으면 저 사람들이 죽겠다'는 생각에 가는 것입니다.

허드슨 테일러가 중국에서 떠나려고 했을 때 하나님이 열감기로 쓰러지게 하셨습니다. 그때 그가 본 환상이 있습니다. 그는 수많은 중국의 영혼들이 지옥으로 떨어지는 것을 보았습니다. 그래서 '내가 가지 않으면 누가 가겠는가'라는 생각에 자진해서 광야를 향해 간 것입니다.

허드슨 테일러와 같은 선교사들은 영적 내면의 세계를 보았습니다. 그들은 여행을 가는 것이 아닙니다. 고난이 있을 줄 알면서도, 비난받을 것을 알면서도 가족의 반대를 무릅쓰고 떠나는 것입니다.

> 예루살렘에 거주하기를 자원하는 모든 자를 위하여 백성들이 복을
> 빌었느니라(느 11:2).

여기서 제비 뽑히지 않은 10분의 9에 해당되는 사람들이 있습니다. 그들은 예루살렘 성 밖에서 살았습니다. 그런데 그들의 행동에 주목해 보십시오. 비록 자신들은 성안에 들어가 살지 못하게 됐지만, 그래서 예루살렘 성전을 복구하는 일에 참여하지 못하게 됐지만, 성안에서 지내게 된 사람들을 축복하고 기도로 응원해 줍니다.

우리는 장로 선거를 할 때 선출되지 못하면 1년 동안 화를 내기

도 합니다. '왜 내가 떨어졌나'라는 생각에 사로잡힙니다. 왜 그렇게 상처를 받을까요. 상처를 환영했기 때문입니다. 누군가 상처를 주면 'No' 하시기 바랍니다. 상처를 받지 않으면 됩니다. 그런데 우리는 상처를 너무 잘 받습니다. 마치 무너진 성처럼 마음이 쉽게 무너집니다. 하나님을 신실하게 믿는 사람들은 그렇게 쉽게 무너지지 않습니다.

보냄을 받는 사람들과 그들을 축복해 주는 사람들의 모습, 얼마나 아름다운 광경입니까? 이것이 교회입니다. 교회는 아름답습니다. 교회는 감격입니다. 교회는 눈물입니다. 교회에 오면 하나님의 말씀을 듣고, 하나님의 만지심을 경험하고, 하나님의 음성을 듣고, 무너졌던 내가 다시 회복됩니다.

하나님을 믿는 우리가 사는 이유

> 그 성읍은 광대하고 그 주민은 적으며 가옥은 미처 건축하지 못하였음이니라(느 7:4).

느헤미야 당시 예루살렘 성안은 형편없었습니다. 어느 누가 그런 곳에서 보금자리를 잡고 싶어 하겠습니까? 그런데 이스라엘 백성들은 성벽 건축만 중요한 것이 아니라 성전과 도시도 중요함을 알았습니다. 그래서 서로 자기가 성안에서 살겠다고 자원한 것입니다.

저는 예전에 영국에서 이런 상황을 경험했습니다. 교회가 점점 줄어드는 영국 땅에서 반대로 조금씩 성장하는 그룹인 홈 처치(Home Church)가 있습니다. 그들은 열 가정 정도가 한 그룹이 되어 같은 아파트로 이사를 갑니다. 그리고 거기서 기도하며 새로운 삶을 시작합니다. 그 동네를 청소하고, 병들고 가난한 사람들을 도와줍니다. 동네 사람들이 이 모습에 감동을 받고 하나님을 믿는 사람들을 달리 보게 됩니다. 그러면서 동네가 조금씩 복음화되고, 모두 하나님을 믿는 사람들이 됩니다. 이때 홈 처치 그룹은 다시 다른 동네를 향해 떠납니다. 학군이 좋아서, 아파트 값이 올라갈 것 같아서 이사하는 것이 아닙니다. 복음을 전하기 위해 움직이는 것입니다.

꼭 먼 나라로 떠나는 것만이 선교는 아닙니다. 비록 선교사로 파송 받지는 않았지만, 내 주변의 동네를 변화시키자는 다짐이 이런 놀라운 변화를 가져옵니다. 이것은 천국의 기쁨을 아는 사람만이 할 수 있는 헌신이요 순종입니다.

이스라엘 백성들 눈앞에는 지금 할 일이 너무나 많습니다. 폐허가 된 도시, 잡풀이 무성한 도시, 습격당한 도시, 남아 있는 것이라고는 아무것도 없는 도시, 사람이 살 수 없을 것 같은 도시, 그러한 도시에 자진해서 들어가 생명의 도시로 만들려 하고 있습니다.

제가 예전에 남미 브라질에 사는 아오카족을 선교한 이야기를 들은 적이 있습니다. 휘튼대학(Wheaton College)을 졸업한 아주 똑똑한 청년들이 결혼하자마자 그곳으로 전도를 갔습니다. 그런데 낯선 사람들을 만나기만 하면 죽여 버리는 아오카족들에게 죽임을 당하고 말았습니다. 그 이후 그들의 가족은 어떻게 되었을까요? 놀라운 것은 그들의 아내들이 아오카족이 사는 마을로 다시 들어갔다는 사실입니다. 남편을 죽인 자들을 전도하기 위해 죽음을 각오하고 들어간 것입니다. 아오카족은 그들의 행동에 깊은 감명을 받고 마을 전체가 예수를 믿게 되었습니다.

이것이 바로 하나님을 믿는 우리가 해야 할 일입니다. 이것이 우리가 사는 이유가 되어야 합니다. 우리가 사는 세상을 깨끗하고 행복하고 아름다운 곳으로 만드는 것, 모두가 예수를 믿고 구원받는 사람들이 되는 것이 우리의 사명입니다.

하나님의 일에 참여한 사람들

느헤미야 11장에는 예루살렘 성안에 들어가거나 성 밖에서 사는 사람들의 명단이 나옵니다. 느헤미야의 특징은 명단을 잘 기록했다는 것입니다. 느헤미야 11장 3-9절에는 지도자들의 이름이 나옵니다. 10-14절에는 레위 자손의 이름이 나오고, 19-24절은 성문지기의 명단이 나옵니다. 그리고 25-36절은 성 밖에서 살게 된 사람들의 이름이 나옵니다.

　일부러 성안에서 사는 사람과 성 밖에서 사는 사람을 구분하려는 것은 아니었습니다. 그들 모두가 하나님의 일에 참여했음을 강조하는 것입니다. 성벽은 이미 세워졌고 성안에 도로를 다시 건설하고 건물도 다시 짓게 되었습니다. 그 생활은 매우 고단했을 것입니다. 하지만 기쁨으로 감당했습니다. 여기서 우리는 하나님의 백성들의 열정과 헌신을 보게 됩니다. 이것이 바로 진정한 교회의 모습입니다.

　우리 모두가 기쁘게 자원하는 사람들, 하나님으로부터 선택받은 사람들, 영적 지도자들이 되기를 바랍니다. 그래서 어느 누구도 가지 않는 곳에 가서 복음을 전하고, 살 수 없는 곳에 가서 생명을 심기 위해 내 인생을 던지는 용기가 우리 가슴에 있기를 기도합니다.

15

인생의 성벽도 재건해야 합니다

느헤미야 12:27-47

신앙이란 삶이 기쁨으로 변하는 것

느헤미야서는 13장으로 구성되어 있는데, 전체적으로 다음과 같은 큰 그림을 그려 볼 수 있습니다. 첫 번째 사건은 폐허가 된 예루살렘 성벽에 대한 소식을 들은 느헤미야가 눈물을 흘리면서 금식하고 하나님께 기도하기 시작한 것입니다. 이것이 느헤미야의 비전이 되었습니다. 그는 하나님의 집인 예루살렘으로 돌아가서 불탄 성문과 훼파된 성벽을 회복하겠다는 비전을 가지고 왕의 허락을 받고 예루살렘으로 돌아갔습니다.

두 번째 사건은 불타 버린 성벽을 재건하려고 할 때 반대자들과 공격자들이 나타난 것입니다. 기득권자들을 중심으로 많은 사람들이 느헤미야가 성벽을 재건하지 못하도록 엄청난 음모를 꾸미고 공격했습니다.

세 번째 사건은 결국 느헤미야가 공격해 오는 모든 사람들을 믿음으로 물리치고 꿋꿋하게 성벽 재건을 완성하는 것입니다. 그리고 성벽을 재건하고 나서 이스라엘 백성들의 마음속에 영적 갈급함이 생겨 학사 에스라를 초청하여 말씀을 듣기 시작합니다. 그들은 말씀을 사모하고 그 말씀을 듣고 자기 자신을 돌아보게 됩니다. 이때 회개가 시작되고, 금식하며 기도하는 사건이 일어났습니다.

네 번째 사건은 무너진 예루살렘 도성이 눈에 보인 것입니다. 하나님의 성전이 무너지고 예루살렘 도시가 훼파되어 사람이 살 수 없는 곳이 된 것을 발견하고, 모두 예루살렘 성에 들어가서 집도 짓고 사람이 살 수 있는 도시로 만들겠다고 나서게 됩니다.

다섯 번째 사건은 이 모든 일을 마치고 매우 기뻐서 감사와 찬양의 제사를 드리며 성벽 위에까지 올라가 춤을 추는 봉헌식이 이루어진 것입니다.

이러한 사건들을 좀 더 영적으로 우리 삶에 적용해 보면 우리가 하나님을 만나고 은혜를 받으면 가장 먼저 자신의 외적인 모습을 발견하게 됩니다. 자신이 매우 잘난 줄 알았는데 하나님의 말씀에 비춰 보니 술도 먹고 담배도 피우고 음란하게 사는 겉모습을 보게 되는 것입니다. 그래서 이러한 겉모습부터 고치기 시작합니다.

이렇듯 우리가 자신의 잘못된 모습을 고치기 위해 노력할 때 사탄은 그렇게 하지 못하도록 끊임없이 속임수를 쓰고 거짓말하며 괴롭힙니다. 그때 사탄을 물리칠 수 있는 방법이 말씀입니다. 말씀을 듣고 나면 자신의 내면의 모습을 발견하게 됩니다. 영적인 눈을 떠서 미움, 질투, 시기, 분노, 상처가 자신을 괴롭혀 왔다는 것을 보게 됩니다. 그때 자신의 내면을 치유하기 시작합니다. 겉모양이 흐트러지는 것보다 더 무서운 것이 내면의 상처입니다.

12장 27절을 보면 예루살렘 성벽 봉헌식을 거행할 때 이스라엘 백성들이 기쁨을 주체하지 못하고 찬양합니다. 기뻐서 눈물이 나고 춤을 추고 싶어 합니다. 이것이 바로 예배입니다.

그런데 우리는 교회에 와서 은혜를 못 받을 때가 많습니다. 일주일 동안 적당히 살다가 회개도 안 하고 자신의 내면 세계나 외면 세계를 그냥 놔둔 채 교회에 와서 멍하니 앉아 있으니 말씀이 귀에 안 들어오고 은혜를 받지 못하는 것입니다. 그래서 얼굴에는 어둠이 가득합니다. 하지만 내면 세계가 변하고 말씀을 듣고 회개하고 외적인 나쁜 습관들을 고치고 나면 기뻐서 어쩔 줄 모르게 됩니다. 그냥 웃음이 나옵니다. 가진 것이 아무것도 없고, 배고프고, 입을 옷이 없고, 집이 없어도 좋습니다.

사랑하는 사람과는 밤새워 이야기해도 마냥 좋듯이 하나님을 믿는 것도 마찬가지입니다. 하나님이 내 마음속에 들어와서 역사하시고 나를 고치고 변화시키고 점점 하나님의 뜻에 가깝게 살게 되면 그렇게 기쁠 수가 없습니다.

저는 대학 시절에 예수님을 만났는데, 그때 전도에 미쳤습니다. 서울역과 남산과 사직공원 등을 다니며 누구를 만나든지 예수님에 대해 이야기했습니다. 그 당시 집으로 가는 버스 안이 움직일 수 없을 정도로 늘 초만원이었는데도 옆에 있는 사람에게 "혹시 교회 다니세요? 예수 믿으세요?"라고 물으면서 전도했습니다. 예수님이 정말 좋았기 때문입니다. 크리스마스가 되면 내 죄를 위해 십자가에 못 박혀 돌아가신 예수님의 은혜가 정말 감사해서 헌 카드를 모아 새 속지를 사서 안에 붙여 교도소에 있는 사람들에게 나

뉘 주면서 복음을 전했습니다. 예수님이 태어나신 기쁜 소식을 전한 것입니다.

신앙이란 변화하는 것입니다. 어제와 오늘이 다르고, 오늘과 내일이 다르고, 올해와 내년이 다릅니다. 외적으로 무너진 나의 성벽, 외적인 나의 습관, 언어, 사고방식 등이 모두 변해야 합니다. 비록 영적 전쟁을 겪으며, 사탄으로부터 수없이 공격과 모함을 받을지라도 말입니다.

성벽을 재건한 후, 이스라엘 백성들이 감사와 찬양의 성벽 봉헌식을 할 때 기뻐서 성벽 위로 올라갑니다. 모든 악기를 동원해 어린이부터 어른까지 모두 성전에 나와 춤을 추고 하나님께 영광을 올려 드립니다. 들뜬 마음으로 성벽에 올라가서 춤추고 찬양하고 기도한 것입니다.

이스라엘을 여행하면서 그곳 사람들의 찬양하는 모습을 본 적이 있는데, 매우 인상적이었습니다. 그들은 찬양하면서 뛰고 춤을 춥니다. 이것이 바로 예배입니다. 우리는 점잖게 앉아 적당히 졸다가 예배가 끝나면 바로 집에 갑니다. 그리고 목사님의 설교가 조금만 길어지면 은근히 짜증이 나기 시작합니다. 친구와의 약속 시간에 늦을까 봐 말씀에 집중하지 못합니다. 자신의 삶에만 집중하기 때문에 예배를 제대로 드릴 수 없고, 얼굴에는 기쁨이 없으며, 기쁨의 찬양이 흘러나오지 않습니다.

예배는 장례식이 아니라 축제입니다. 예배는 마음의 문을 열어

놓고 하나님을 원 없이 마음껏 찬양하는 것입니다. 그러면 우리 안의 상처와 찌꺼기들이 모두 다 씻겨 나가게 됩니다.

제가 일본에 살면서 한 가지 곤란한 것이 있었는데, 소리가 밖으로 나가면 실례가 되기 때문에 뭐든지 조용하게 해야 한다는 것입니다. 그렇지만 신앙생활은 그렇게 못합니다. 정말 좋으면 새벽까지 찬양해야 합니다.

대제사장과 제사장들, 레위 사람들, 하나님의 집을 섬기는 사람들, 남녀노소 할 것 없이 모두 성전에 모여 모든 악기를 동원해 춤을 추면서 큰 소리로 찬양했습니다. 그리고 성벽에 올라가서 성벽을 돌았습니다. 저는 이 말씀을 보면서 교회가 변해야 한다는 생각을 했습니다. 우리의 신앙생활이 변해야 한다는 생각을 했습니다. 주일은 주일날 시작되는 것이 아닙니다. 6일 동안 주일을 준비하면서 기쁨과 찬양으로 보내야 합니다.

진정한 예배를 위한 준비, 성결과 거룩한 삶

예루살렘 성벽을 봉헌하게 되니 각처에서 레위 사람들을 찾아 예루살렘으로 데려다가 감사하며 노래하며 제금을 치며 비파와 수금을 타며 즐거이 봉헌식을 행하려 하매(느 12:27).

감사와 찬양으로 성벽 봉헌식을 할 때 성가대를 두 팀으로 나누어 한 팀은 느헤미야가 대장이 되고, 한 팀은 에스라가 대장이 되어 찬양을 드렸습니다. 레위 사람들과 제사장들과 하나님을 섬기는 사람들이 모두 모였습니다. 그리고 심벌즈와 하프와 수금 등 자기가 연주할 수 있는 악기는 다 가지고 나와 찬양을 했습니다. 남녀노소 할 것 없이 춤을 추며 찬양했습니다.

> 이에 노래하는 자들이 예루살렘 사방 들과 느도바 사람의 마을에서 모여들고 또 벧길갈과 게바와 아스마웻 들에서 모여들었으니 이 노래하는 자들은 자기들을 위하여 예루살렘 사방에 마을들을 이루었음이라(느 12:28-29).

노래하는 사람들, 즉 종교적 제사장들이 가장 먼저 앞에 섰습니다. 그들이 없으면 축제가 제대로 이루어지지 않습니다. 이처럼 하나님의 집에서 찬양하고 섬기고 봉사하는 사람들의 위치가 정말 중요합니다. 그들이 영적으로 올바른 방향을 제시해 주어야 백성들이 따라갈 수 있는 것입니다. 교회도 마찬가지입니다. 목회자가 타락하면 그 교회 성도들도 엉망이 되어 버립니다.

> 제사장들과 레위 사람들이 몸을 정결하게 하고 또 백성과 성문과 성벽을 정결하게 하니라(느 12:30).

축제를 하기 위해서는 제일 먼저 중요한 것이 정결 의식입니다. 진정한 예배란 성결과 거룩입니다. 몸과 마음을 깨끗하게 하고 정성스런 자세로 예배를 드릴 때 하나님이 그 예배를 받아 주십니다. 그런데 우리는 교회 올 때 오만 가지 잡생각들을 다 싸들고 옵니다. 그런 사람들을 보면 눈에 초점이 없습니다. 하나님께 집중하는 사람들은 그 눈에 총기가 있습니다.

예배 드릴 때는 몸과 마음을 정결하게 갖추어야 합니다. 만약 우리가 대통령을 만나러 간다면, 아무렇게나 하고 가겠습니까? 옷매무새를 한 번 더 만지고, 단정하고 깔끔하게 치장하느라 정신이 없을 것입니다. 하물며 하나님을 만나는 예배의 자리에 준비 없이 나아가야 되겠습니까?

저는 요즈음 저희 부모님의 신앙을 생각해 봅니다. 아버지는 하루에 5시간씩 기도를 드리셨습니다. 또한 서울에 볼일이 있어 가실 때면 언제나 교회 가서 먼저 기도하고 서울로 올라가셨고, 서울에서 다시 집으로 오실 때는 교회를 먼저 들러 기도하고 집에 오셨습니다. 가정 예배는 하루에 꼭 두 번씩 드렸습니다. 지금 생각해 보면 부모님께서 참 기가 막힌 신앙생활을 하셨다는 생각이 듭니다. 아버지가 돌아가신 후 어머니는 아버지의 뒤를 이어 매일 예배 드리고 기도하셨습니다. 그분들의 삶은 예배였습니다.

기쁨으로 충만한 예배

> 그의 형제들인 스마야와 아사렐과 밀랄래와 길랄래와 마애와 느다
> 넬과 유다와 하나니라 다 하나님의 사람 다윗의 악기를 잡았고 학
> 사 에스라가 앞서서 샘문으로 전진하여 성벽으로 올라가는 곳에 이
> 르러 다윗 성의 층계로 올라가서 다윗의 궁 윗 길에서 동쪽으로 향
> 하여 수문에 이르렀고 감사 찬송하는 다른 무리는 왼쪽으로 행진하
> 는데 내가 백성의 절반과 더불어 그 뒤를 따라 성벽 위로 가서 화덕
> 망대 윗 길로 성벽 넓은 곳에 이르고 에브라임 문 위로 옛문과 어문
> 과 하나넬 망대와 함메아 망대를 지나 양문에 이르러 감옥 문에 멈
> 추매(느 12:36-39).

유다 지도자들과 찬양대들이 성전 꼭대기에 오르며 행진을 합
니다. 그 뒤를 따르는 사람들이 나팔과 악기를 들고 따랐습니다.
학사 에스라가 이끄는 찬양대와 느헤미야가 이끄는 찬양대가 반
반씩 나누어져 하나님의 성전을 돌아 다 같이 만나는 모습입니다.
모든 악기를 들고 춤을 추고 노래를 부르며 성벽 위를 도는 모습을
상상해 보십시오. 얼마나 가슴 뛰고 감동이 넘치는 장면입니까?

> 이에 감사 찬송하는 두 무리가 하나님의 전에 섰고 또 나와 민장의
> 절반도 함께하였고(느 12:40).

이제 두 찬양팀이 하나님의 집에 모였습니다. 그리고 예배가 시작됩니다.

또 마아세야와 스마야와 엘르아살과 웃시와 여호하난과 말기야와 엘람과 에셀이 함께 있으며 노래하는 자는 크게 찬송하였는데 그 감독은 예스라히야라(느 12:42).

지금 사람들이 노래를 있는 힘껏 찬양하고 있습니다. 너무 좋아서 마음을 다해 큰 소리로 노래하는 것입니다.

이날에 무리가 큰 제사를 드리고 심히 즐거워하였으니 이는 하나님이 크게 즐거워하게 하셨음이라 부녀와 어린아이도 즐거워하였으므로 예루살렘이 즐거워하는 소리가 멀리 들렸느니라(느 12:43).

즐거워하는 소리, 기쁨의 소리가 성 밖에까지 들렸습니다. 여자들과 어린아이들까지 즐거워하는 모습이 드러나고 있습니다.

그날에 사람을 세워 곳간을 맡기고 제사장들과 레위 사람들에게 돌릴 것 곧 율법에 정한 대로 거제물과 처음 익은 것과 십일조를 모든 성읍 밭에서 거두어 이 곳간에 쌓게 하였노니 이는 유다 사람이 섬기는 제사장들과 레위 사람들로 말미암아 즐거워하기 때문이라(느 12:44).

우리는 이 말씀에서 첫 수확물과 십일조 등을 기쁘게 자발적으로 드리는 모습을 보게 됩니다. 우리의 예배도 이러해야 합니다. 누구에게 억지로 끌려 교회에 나오는 것이 아니라, 내가 너무 좋아서 발걸음이 저절로 교회로 향해야 합니다. 마음이 기쁘고 좋으면 자연스럽게 그 마음이 얼굴에 드러납니다. 자꾸만 교회를 왔다 갔다 하게 됩니다.

하나님의 집에 대한 애정

> 그들은 하나님을 섬기는 일과 결례의 일을 힘썼으며 노래하는 자들과 문지기들도 그러하여 모두 다윗과 그의 아들 솔로몬의 명령을 따라 행하였으니(느 12:45).

이스라엘 백성들이 해야 할 일은 두 가지였습니다. 첫째는 하나님을 섬기는 일이고, 둘째는 정결하게 하는 일이었습니다.

제가 군대에 있을 때 한 인상 깊은 병장을 만났습니다. 아마도 신학생이었던 것 같은데, 그가 토요일만 되면 걸레를 들고 혼자 예배당에 가서 제단을 한 시간 넘게 땀을 흘리며 닦는 것이었습니다. 그는 기도하고 눈물 흘리는 이 귀한 자리를 깨끗하게 닦는 일을 누구한테도 빼앗길 수 없다고 말했습니다. 저는 그때 '아, 이 사람은 하나님의 집을 사랑하는 사람이구나'라는 생각이 들었습니다.

    교회는 월급 받는 직원이 관리하는 곳이 아닙니다. 성도들이 지키고 관리해야 하는 곳입니다. 교회 안의 쓰레기를 줍고 지저분한 곳을 청소하면 내 마음이 정결해지는 느낌이 듭니다. 몸으로 봉사하는 것을 시작해 보십시오. 작은 것 하나도 하나님의 일입니다. 우리는 하나님의 집을 위해 봉사하고 헌신해야 하는 그리스도인입니다. 하나님의 집에 대한 애정이 우리 마음 가운데 가득하기를 바랍니다.

16

오늘도 개혁의 자리로
돌아가야 합니다

느헤미야 13:1-9

느헤미야의 네 가지 신앙 개혁

느헤미야서 마지막 장인 13장은 부록처럼 쓰인 장입니다. 13장에는 매우 중요한 네 가지 종교 개혁에 대한 내용이 있습니다. 신앙은 한 번 은혜받고, 한 번 잘 섬기고 끝나는 것이 아닙니다. 신앙의 전통, 가정의 전통도 세월이 가면서 변합니다. 교회도 마찬가지입니다. 그러나 하나님의 말씀은 쉽게 변하지 않습니다.

1-9절은 성전을 깨끗하게 하라는 말씀입니다. 10-14절은 십일조를 철저하게 하라는 말씀입니다. 15-22절은 안식일을 철저하게 지키라는 말씀입니다. 23-31절은 이방인과 결혼하지 말고 결혼을 정결하게 지키라는 말씀입니다. 이 말씀들은 우리에게 익숙하기에 오히려 소홀하기 쉽습니다.

그중에서 첫 번째 신앙 개혁은 "성전을 깨끗이 하라"입니다. 신앙생활에서 주춧돌이 되는 것이 교회입니다. 누가복음 2장 36-37절을 보면 여자 선지자 안나라는 사람이 나옵니다. 이 사람이 결혼해서 7년 동안 살다가 남편이 죽었습니다. 그래서 84세까지 과부로 살았습니다. 그렇게 과부로 사는 동안 성전에서 밤낮으로 금식하고 기도하고 섬기다가 죽는 날 예수님을 만나게 됩니다. 우리는 안나처럼 죽는 그 순간까지 교회를 섬기는 자들이 되어야 합니다.

그런데 우리는 자주 교회를 시큰둥하게 생각합니다. 여러 변명과 핑계를 대면서 교회를 우습게 생각하고 자기 식대로 하나님을 섬깁니다. 이렇게 되면 우리의 신앙은 어느 때에 가서는 무너지고 맙니다.

느헤미야 13장 1-9절을 보면 그때가 아닥사스다 왕 32년임을 알수 있습니다. 성벽을 건축하던 때가 아닥사스다 왕 20년이었으니 벌써 12년이 지난 것입니다. 느헤미야는 12년만에 왕을 알현하러 갔다가 허락을 받고 다시 성전으로 돌아왔습니다. 그런데 성전은 하나도 변하지 않은 것 같은데 성전이 사유화되고 썩어 있는 것을 본 것입니다. 느헤미야는 크게 분노하며 성전 개혁을 시작합니다.

두 번째 신앙 개혁은 십일조에 관한 것인데, 이것을 다른 말로 하면 재정 원칙이라 할 수 있습니다. 우리는 이 원칙을 지키지 않으면 평생 고생합니다. 느헤미야는 이 십일조 원칙을 다시 이야기하며 강조합니다.

세 번째 신앙 개혁은 안식일에 관한 문제입니다. 하나님이 우리에게 안식일을 거룩하게 지키라고 말씀하셨는데도 불구하고 우리는 너무 바빠서, 세상이 너무 좋아서 안식일을 제대로 지키지 않을 때가 많습니다. 이러다 보면 우리의 신앙은 썩을 대로 썩게 됩니다.

네 번째 신앙 개혁은 이방인들과의 혼인 문제였습니다. 그들은 결혼을 성경 원리에 따라 하지 않고 세상적인 방법으로 이방인을 만나 결혼하여 우상을 섬겼습니다. 한 발은 하나님께, 한 발은 세상에 걸쳐 놓고 산 것입니다. 이러다 보니 자연스럽게 가정이 위기에 빠지게 되었습니다.

이러한 느헤미야의 네 가지 신앙 개혁은 오늘을 사는 우리에게도 하나하나 구체적으로 적용됩니다. 우리는 죽으나 사나 교회를 붙잡고 살아야 합니다. 교회는 신앙의 어머니와 같은 것입니다. 교회는 끊임없이 교회를 생산해야 합니다. 그래야 그 시대가 구원받고, 그 나라가 구원받습니다. 개혁이란 시대와 문화와 상황을 뛰어넘어 항상 말씀으로 돌아가는 것입니다.

끊임없이 말씀으로 돌아가야 한다

> 그날 모세의 책을 낭독하여 백성에게 들렸는데 그 책에 기록하기를 암몬 사람과 모압 사람은 영원히 하나님의 총회에 들어오지 못하리니(느 13:1).

하나님은 암몬과 모압 사람들과 결혼하는 것을 허락하지 않으셨습니다. 신명기를 보면 이에 대한 말씀이 나옵니다.

> 암몬 사람과 모압 사람은 여호와의 총회에 들어오지 못하리니 그들

에게 속한 자는 십 대뿐 아니라 영원히 여호와의 총회에 들어오지 못하리라 그들은 너희가 애굽에서 나올 때에 떡과 물로 너희를 길에서 영접하지 아니하고 메소보다미아의 브돌 사람 브올의 아들 발람에게 뇌물을 주어 너희를 저주하게 하려 하였으나 네 하나님 여호와께서 너를 사랑하시므로 네 하나님 여호와께서 발람의 말을 듣지 아니하시고 네 하나님 여호와께서 그 저주를 변하여 복이 되게 하셨나니 네 평생에 그들의 평안함과 형통함을 영원히 구하지 말지니라(신 23:3-6).

한 사람이 모압과 암몬 사람과 결혼하면 양가가 얽히고 여호와를 믿는 이스라엘 백성과 우상을 섬기는 이방인 집안이 섞이게 됩니다. 그리하여 하나님이 이방인들을 경계하라고 하신 것입니다.

개혁은 하나님의 말씀으로 돌아가는 것입니다. 성벽을 건축할 때가 아닥사스다 왕 20년인데, 느헤미야가 12년 후인 아닥사스다 왕 32년에 예루살렘 성전으로 돌아왔을 때 성전이 변질되었습니다. 무슨 일이든지 10년, 12년 정도 되면 처음과 본질에서 벗어나게 됩니다. 첫사랑을 잊어버린 것입니다. 부부도 신혼의 사랑을 잊어버리면 상대방의 약점과 단점만 보이고, 권태기가 오고, 괜히 다른 이성이 좋아 보입니다.

10년이면 강산도 변한다는 말이 있는데, 신앙생활도 마찬가지입니다. 이스라엘 백성들은 말씀과 정반대로 암몬과 모압 자손들을 슬슬 받아들이기 시작했고 10년이 지날 때쯤 그것이 보편화 되어 버리고 만 것입니다.

말씀을 제대로 듣는 것이 바로 개혁입니다. 말씀을 들을 때 우리가 어떻게 틀렸는지, 얼마나 틀렸는지 알게 됩니다. 그전까지는 서로 비슷하고, 주변 사람들이 모두 그렇기 때문에 영적으로 구분하지 못합니다. 그래서 말씀을 듣고 잘못을 깨닫고 즉시 회개하는 것입니다.

성전의 순결성을 지키라

> 백성이 이 율법을 듣고 곧 섞인 무리를 이스라엘 가운데에서 모두 분리하였느니라(느 13:3).

이 말씀은 국제결혼을 하지 말라는 뜻이 아닙니다. 성전의 순결성을 지키라는 것입니다. 신앙에서 가장 중요한 것이 진정성과 순결입니다. 신앙에서 가장 위험한 것이 바로 영적 간음과 혼음입니다. 세상에서도 간음은 가정 파괴의 주범으로 생각합니다. 하물며 영적인 간음은 어떠하겠습니까? 하나님을 섬기면서 동시에 귀신과 우상을 섬기는 영적 간음은 하나님의 진노를 사는 일입니다.

십계명의 첫 계명은 하나님 외에 다른 신을 섬기지 말라는 것입니다. 다시 말해 십계명은 귀신을 쫓는 방법입니다. 십계명에 있는 모든 이야기가 귀신들이 하는 일을 하지 말라는 말씀입니다. 그럼에도 불구하고 우리는 내 마음대로, 정욕대로 모든 일을 하기 때문에 신앙이 헷갈리는 것입니다. 우리는 신앙생활을 분명하게 해야 합니다. 다원주의나 혼합주의에 젖어서는 안 됩니다.

이스라엘 백성들은 하나님의 말씀을 듣고 소스라치게 놀랐습니다. 회피하고 싶었던 문제들을 직통으로 들었기 때문입니다. 그러자 백성들은 즉시 회개했습니다.

하나님의 성전을 거룩하게 지키지 못하면 망합니다. 우리는 하나님 중심, 성경 중심, 교회 중심의 삶을 살아야 합니다. 신앙생활을 잘하고 싶으면, 교회에 충성하십시오. 그것이 복 받는 길입니다. 고린도전서를 보면 다음과 같은 말씀이 나옵니다.

> 너희는 너희가 하나님의 성전인 것과 하나님의 성령이 너희 안에 계시는 것을 알지 못하느냐 누구든지 하나님의 성전을 더럽히면 하나님이 그 사람을 멸하시리라 하나님의 성전은 거룩하니 너희도 그러하니라(고전 3:16-17).

우리는 우리 자신이 하나님의 성전인 것과 성령님이 우리 안에 계신다는 사실을 알아야 합니다. 만일 누구든지 하나님의 성전을 파괴하면 하나님이 그 사람을 멸하실 것입니다. 하나님의 성전은 거룩하기 때문입니다. 우리는 바로 그 거룩한 하나님의 성전입니다.

또한 우리는 하나님의 거룩한 성전이기에 간음하지 말아야 합니다. 성전인 우리 몸을 잘 관리해야 합니다. 거룩이 능력입니다. 거룩한 사람은 마귀에게 지지 않습니다. 우리는 생각으로 수많은 죄를 짓습니다. 그러기에 우리의 생각까지 하나님의 말씀으로 가득 채워야 합니다.

기도하는 것이 교회의 본질이다

이전에 우리 하나님의 전의 방을 맡은 제사장 엘리아십이 도비야와 연락이 있었으므로 도비야를 위하여 한 큰 방을 만들었으니 그 방은 원래 소제물과 유향과 그릇과 또 레위 사람들과 노래하는 자들과 문지기들에게 십일조로 주는 곡물과 새 포도주와 기름과 또 제사장들에게 주는 거제물을 두는 곳이라 그때에는 내가 예루살렘에 있지 아니하였느니라 바벨론 왕 아닥사스다 삼십이 년에 내가 왕에게 나아갔다가 며칠 후에 왕에게 말미를 청하고(느 13:4-6).

본문 말씀을 보면 문제의 한 사람이 등장합니다. 바로 성벽을 건축할 때 느헤미야를 괴롭힌 도비야입니다. 그는 느헤미야를 모함하고 음모를 꾸며 성벽을 짓지 못하도록 방해했습니다. 그런데 그런 도비야와 친하게 지내던 제사장이 있었습니다. 그는 창고를 맡았는데, 도비야에게 그 창고의 방을 내어 주었습니다.

여기서 우리는 시간이 지날수록 인간은 마음이 해이해지고 타협을 하게 됨을 깨닫게 됩니다. 성전을 지키는 제사장은 인간적인 마음으로 도비야의 뒤를 봐줍니다. 그러나 하나님의 성전을 지키는 사람으로서 그것은 잘못된 행동이었습니다. 고작 방 하나 빌려준 것이 무슨 대수냐고 말하는 사람이 있을지 모릅니다. 하지만 이 것은 신앙적으로 큰 문제가 됩니다. 처음에는 아주 작은 구멍 같아 보이던 것이 나중에는 우리의 영혼에 큰 구멍이 될 수 있기 때문입니다.

느헤미야는 그 사실을 알고 하나님의 창고에 있던 도비야의 모든 물건들을 밖으로 내던지고 그 방에 다시 하나님의 물건을 갖다 놓았습니다.

예루살렘에 이르러서야 엘리아십이 도비야를 위하여 하나님의 전 뜰에 방을 만든 악한 일을 안지라 내가 심히 근심하여 도비야의 세 간을 그 방 밖으로 다 내어 던지고 명령하여 그 방을 정결하게 하고 하나님의 전의 그릇과 소제물과 유향을 다시 그리로 들여놓았느니 라(느 13:7-9).

오늘날 교회는 세상 사람들의 비난거리가 되고 손가락질받는 대상이 되어 버리고 말았습니다. 이러한 교회가 새로워지는 방법은 교회 안의 도비야를 내쫓고 암몬과 모압 자손의 관계를 끊는 것입니다. 그것은 다시 말해 교회의 순결을 지키라는 말이 됩니다. 우리는 세상과 타협해서는 안 됩니다. 끝까지 하나님의 말씀 중심으로 거룩하게 교회를 지켜야 합니다.

오늘날 교회 안의 도비야, 모압과 암몬은 누구입니까? 성령 충만, 말씀 충만하지 않고 여기저기 숨어서 소극적으로 교회 생활을 하는 사람들입니다. 그저 뒤에서 교회를 비판하고 부정적인 말만 일삼는 사람들입니다. 교회를 핍박하고 음해하면서 하나님의 집을 욕하는 사람들입니다. 이런 사람들 때문에 교회 안에서 다툼과 분쟁이 일어나고, 상처받는 사람들이 생겨 나는 것입니다. 자신을 개혁하지 못하는 사람들이 교회를 개혁하겠다고 나섭니다. 자신의 편에 하나님이 서 계시다고 착각합니다. 그러나 그들이 외치는 것은 겉모습만 개혁일 뿐 교회 안의 헤게모니를 쥐기 위해, 자신의 자존심을 세우기 위해 하는 행동들입니다. 이러다 보면 교회가 점점 분열되고 다툼으로 갈라지게 됩니다.

요한복음 2장을 보면 성전이 더럽혀진 것을 보신 예수님이 크게 분노하신 장면이 나옵니다. 유대 사람들이 지키는 유월절이 다가오자 예수님은 예루살렘으로 올라가셨습니다. 그런데 성전 안에서 사람들이 소와 양과 비둘기를 팔고 또 탁자 앞에 앉아 돈을 바꿔 주는 것을 보시고 크게 노하셨습니다. 그러고는 노끈으로 채찍을 만들어 양과 소들을 모두 성전 밖으로 내쫓고, 돈을 바꿔 주던 사람들의 동전을 쏟고 탁자를 엎어 버리셨습니다. 그리고 비둘기를 팔던 사람들을 향해 말씀하셨습니다. "이것들을 여기에서 치워 버려라. 내 아버지의 집을 장사하는 집으로 만들지 말라."

우리는 하나님의 성전을 장사하는 집으로 만들지 말고 기도하는 집으로 만들어야 합니다. 이것이 교회의 본질입니다. 교회가 바로 설 때 세상에 빛과 소금으로 영향력을 미치게 될 것입니다. 또한 우리는 하나님의 성전이라고 했습니다. 우리 자신을 깨끗하고 성결하고 정결하게 지키는 것이 필요합니다. 우리의 생각과 말과 행동에 하나님의 축복이 가득하기를 바랍니다.

17

신앙의 순수성을
지켜야 합니다

느헤미야 13:10-31

하나님 백성의 경제 원칙, 십일조

느헤미야의 두 번째 신앙 개혁은 십일조에 대한 것이었습니다. 사람은 누구나 돈과 재물에 약합니다. 돈을 가져다주면 누구든지 다 넘어갑니다. 이것이 돈의 위력입니다. 세상의 논리로 보면 돈이 하나님만큼 위대해 보입니다. 제아무리 믿음이 강한 사람일지라도 돈의 유혹 앞에서는 한순간에 무너지기 쉽습니다. 성경은 말하기를 돈은 일만 악의 뿌리라고 했습니다. 그렇다고 돈을 배척하고 외면하며 살 수는 없습니다. 삶을 사는 데 돈이 없어서는 안 되기 때문입니다.

예수님은 무엇을 먹고 마시고 입을까 염려하지 말라고 하셨습니다. 하나님이 이 모든 것을 채워 주실 것이라고 말씀하셨습니다. 그렇다면 하나님은 우리가 돈이 필요하다는 사실도 알고 계신다는 이야기가 됩니다. 우리는 살면서 정말 기적처럼 부족한 물질을 채워 주시는 하나님을 만나곤 합니다. 그러나 우리가 먼저 하나님 대신 돈 중심으로 산다면 우리 인생은 망하게 될 것입니다. 돈은 목적이 아니라 수단이 되어야 합니다. 돈에 대한 인간의 욕심은 끝도 없습니다. 하지만 돈만 바라보며 살다 보면 어느새 마음속에는 허무함만 가득하게 됩니다.

미국에 있는 어느 교회는 전 교인들이 백만장자가 되는 것이 목표라고 합니다. 그 이유는 돈을 많이 벌어서 장학금도 마련하고, 가난하고 병든 자들을 돕겠다는 것입니다. 사실 물질이 없다면 어려운 사람들을 크게 돕기가 힘든 것이 현실입니다. 이렇듯 돈은 두 얼굴을 가지고 있습니다.

예수님은 우리가 먹고 입고 자고 써야 할 것이 필요함을 아셨습니다. 그렇지만 돈보다 먼저 구해야 할 것은 하나님의 나라와 의라고 말씀하십니다. 성경에서 십일조는 하나님의 것이라고 되어 있습니다. 십일조는 하나님의 백성들의 경제생활의 원칙이고 기준입니다. 십일조를 안 지키는 것은 하나님의 것을 도둑질하는 것이나 마찬가지입니다(말 3:8).

제가 아는 분 중에 사업을 하는 한 분이 독일에서 비싼 기계를 들여왔습니다. 그리고 차관을 해서 공장을 완공했는데, 완공한 날 불이 나 모두 잿더미가 되어 버렸습니다. 그분은 불타는 공장을 보면서 "하나님, 어떻게 이럴 수가 있습니까? 제가 얼마나 하나님을 잘 섬겼는데 공장을 잿더미로 만드십니까?"라고 원망했습니다. 그런데 마음속에서 하나님의 음성이 들려왔습니다. "네가 내 돈을 가로채지 않았느냐?" 그분은 이 음성에 바로 회개하고 하나님께 돌려드렸습니다. 그때부터 회사가 잘되기 시작했다고 합니다.

하나님이 십일조만큼은 시험하라고 말씀하셨습니다(말 3:10). 십일조를 잘 드리면 얼마나 복을 주시는지 시험해 보라는 것입니다.

사람이 어찌 하나님의 것을 도둑질하겠느냐 그러나 너희는 나의 것을 도둑질하고도 말하기를 우리가 어떻게 주의 것을 도둑질하였나 이까 하는도다 이는 곧 십일조와 봉헌물이라 너희 곧 온 나라가 나의 것을 도둑질하였으므로 너희가 저주를 받았느니라 만군의 여호와가 이르노라 너희의 온전한 십일조를 창고에 들여 나의 집에 양식이 있게 하고 그것으로 나를 시험하여 내가 하늘 문을 열고 너희에게 복을 쌓을 곳이 없도록 붓지 아니하나 보라(말 3:8-10).

수입이 크지 않을 때는 십일조를 어렵지 않게 할 수 있습니다. 그런데 수입이 커질수록 십일조를 내려니 손이 좀 떨립니다. 이것은 남한테 베푸는 습관이 없기 때문입니다. 나만을 위해서 사는 사람은 절대 돈으로 베풀지 못합니다. 우리는 작은 것부터 베푸는 연습을 해야 합니다. 또한 십일조를 통해 내가 아닌 하나님이 어려운 이들을 위해 쓰시도록 해야 합니다. 십일조는 교회로 하여금 하나님의 돈을 공정하고 깨끗하게 하나님의 뜻대로 사용하도록 하는 것입니다.

이스라엘 백성들은 레위 사람들과 찬양하는 사람들에게 월급을 주기 싫어 고향으로 돌려보냈습니다. 그렇게 되자 제사를 못 드리게 되었고, 성전은 금세 썰렁해졌습니다. 하나님의 성전은 늘 사람들로 북적거리고 찬송과 기도 소리가 차고 넘쳐야 합니다. 서로 격려하고 사랑하는 공동체의 모습을 갖출 때 진정 하나님의 부흥으로 일어서는 교회가 되는 것입니다.

이에 온 유다가 곡식과 새 포도주와 기름의 십일조를 가져다가 곳간에 들이므로(느 13:12).

느헤미야가 경고하고 야단을 치니까 그제야 이스라엘 백성들이 재물의 십일조뿐만 아니라 곡식의 십일조도 성전에 드리기 시작합니다. 마침내 창고에 십일조가 차자 성전이 잘 움직이게 되고 레위 사람들과 찬양하는 사람들을 다시 불러들이게 됐습니다.

안식일이 사람을 지킨다

느헤미야의 세 번째 신앙 개혁은 안식일을 철저하게 지키라는 것이었습니다. 대부분의 사람들은 세상 중심의 삶을 살아갑니다. 우리 그리스도인들 또한 세상적인 원리로 살아갈 때가 많습니다. 그러므로 안식일을 제대로 지키는 것은 쉬운 일이 아닙니다. 교회에서 예배 드릴 때 나의 마음이 콩밭에 가 있지는 않습니까? 하나님께 집중하지 못하고 나의 삶의 걱정에 노심초사하지는 않습니까?

그러나 우리 마음에 하나님이 계시면 우리의 삶은 저절로 살아나게 됩니다. 날개가 돋아 독수리처럼 하늘을 날게 됩니다. 하나님은 "오직 여호와를 앙망하는 자는 새 힘을 얻으리니"(사 40:31)라고 말씀하셨습니다.

우리는 병중에도 하나님을 생각해야 합니다. 저는 설교할 때 죽을 각오로 임합니다. 저는 몇 번이고 죽었어야 할 운명이었는데, 하나님이 설교단에 저를 세우시기 위해 살려 주시고 또 살려 주셨습니다. 그렇게 저에게 새 힘을 주신 하나님을 저는 늘 앙망했습니다.

그때에 내가 본즉 유다에서 어떤 사람이 안식일에 술틀을 밟고 곡식단을 나귀에 실어 운반하며 포도주와 포도와 무화과와 여러 가지 짐을 지고 안식일에 예루살렘에 들어와서 음식물을 팔기로 그날에 내가 경계하였고 또 두로 사람이 예루살렘에 살며 물고기와 각양 물건을 가져다가 안식일에 예루살렘에서도 유다 자손에게 팔기로 내가 유다의 모든 귀인들을 꾸짖어 그들에게 이르기를 너희가 어찌 이 악을 행하여 안식일을 범하느냐 너희 조상들이 이같이 행하지 아니하였느냐 그래서 우리 하나님이 이 모든 재앙을 우리와 이 성읍에 내리신 것이 아니냐 그럼에도 불구하고 너희가 안식일을 범하여 진노가 이스라엘에게 더욱 심하게 임하도록 하는도다 하고 안식일 전 예루살렘 성문이 어두워 갈 때에 내가 성문을 닫고 안식일이 지나기 전에는 열지 말라 하고 나를 따르는 종자 몇을 성문마다 세워 안식일에는 아무 짐도 들어오지 못하게 하였으므로 장사꾼들과 각양 물건 파는 자들이 한두 번 예루살렘 성 밖에서 자므로 내가 그들에게 경계하여 이르기를 너희가 어찌하여 성 밑에서 자느냐 다시 이같이 하면 내가 잡으리라 하였더니 그 후부터는 안식일에 그들이 다시 오지 아니하였느니라(느 13:15-21).

느헤미야는 안식일을 이용해 돈을 버는 장사치들에게 경고를 하고 있습니다. 이 말씀을 보면 꼭 안식일에 아무것도 하지 말라는 의미처럼 들리기도 합니다. 하지만 그런 의미가 아닙니다. 예수님도 안식일에 죽게 된 자를 그냥 지나칠 수 있느냐 하셨습니다. 인자는 안식일의 주인이라고 말씀하기도 하셨습니다(마 12:8). 진짜 문제는 안식일에 장사치들이 판을 치고 있다는 점입니다. 교회에서 식사를 제공하고, 바자회를 여는 것은 교회가 이득을 취하려고 하는 것이 아닙니다. 모든 수익을 어려운 사람들을 위해 쓰려는 것입니다. 그것은 돈을 벌기 위해 장사하는 것과 차원이 다릅니다.

어떤 사람이 안식일에 관한 책을 썼는데, "사람이 안식일을 지키는 것이 아니고 안식일이 사람을 지킨다"라는 말을 했습니다. 안식일을 지키는 것 자체는 쉽지 않지만, 안식일을 지키면 내 마음이 평안해지고 물질의 축복이 임합니다.

영적 혼음을 막아라

네 번째 신앙 개혁은 정결한 결혼에 관한 것입니다. 우리가 신앙생활을 하면서 중요한 부분이 바로 결혼입니다. 이방인과 결혼하지 말라는 것은 오늘날 무조건 외국인과 결혼하지 말라는 뜻이 아닙니다. 선택받은 이스라엘 백성과 이방인이 있었던 시절에는 이방인들이 하나님을 안 믿었기 때문에 이방인이라고 부른 것입니다.

이방인들은 모두 다른 이방신을 섬기고 있었습니다. 그러므로 이방인과 결혼하지 말라는 말씀은 하나님을 믿지 않는 이방인들과의 혼음을 금한다는 뜻입니다.

그들의 자녀가 아스돗 방언을 절반쯤은 하여도 유다 방언은 못하니 그 하는 말이 각 족속의 방언이므로(느 13:24).

이방 여자와 결혼하면 자녀들이 유다 말을 못하고 이방인의 말을 배우게 됩니다. 그러다 보면 자연스럽게 이방 신의 문화가 아이들에게 스며들게 됩니다. 그래서 느헤미야가 분노했던 것입니다. 하나님은 이 일 때문에 재앙을 내린다고 하셨습니다.

내가 그들을 책망하고 저주하며 그들 중 몇 사람을 때리고 그들의 머리털을 뽑고 이르되 너희는 너희 딸들을 그들의 아들들에게 주지 말고 너희 아들들이나 너희를 위하여 그들의 딸을 데려오지 아니하겠다고 하나님을 가리켜 맹세하라 하고(느 13:25).

그러면서 솔로몬 왕을 예로 듭니다.

또 이르기를 옛적에 이스라엘 왕 솔로몬이 이 일로 범죄하지 아니하였느냐 그는 많은 나라 중에 비길 왕이 없이 하나님의 사랑을 입은 자라 하나님이 그를 왕으로 삼아 온 이스라엘을 다스리게 하셨으나 이방 여인이 그를 범죄하게 하였나니(느 13:26).

솔로몬은 지혜의 왕으로 하나님의 사랑을 한몸에 받았습니다. 그런데 그가 이방 여자 천 명을 거느리면서 점차 무너지게 되었습니다. 솔로몬의 왕국은 이방신으로 가득한 왕국이 되고 만 것입니다.

삼손 역시 마찬가지였습니다. 삼손은 하나님께 기름부음 받은 사람이었습니다. 그에게는 하나님이 주신 엄청난 힘이 있었습니다. 그런데 그가 데릴라라는 한 여자를 만나 사랑에 빠졌습니다. 그리고 부모의 반대를 무릅쓰고 결혼까지 합니다. 결국 삼손은 머리카락을 잘려 힘을 잃고 끌려다니면서 비참한 최후를 맞이합니다. 그 모든 것이 이방 여자와 혼인한 것에서 비롯된 일이었습니다.

느헤미야 시대에는 이방인과의 혼인이 얼마나 깊숙이 뿌리박혀 있었는지, 제사장 가족들까지 이방인과 혼인을 한 상태였습니다.

너희가 이방 여인을 아내로 맞아 이 모든 큰 악을 행하여 우리 하나님께 범죄하는 것을 우리가 어찌 용납하겠느냐 대제사장 엘리아십의 손자 요야다의 아들 하나가 호론 사람 산발랏의 사위가 되었으므로 내가 쫓아내어 나를 떠나게 하였느니라(느 13:27-28).

산발랏을 기억할 것입니다. 성벽을 재건할 당시 도비야와 산발랏이 느헤미야를 얼마나 괴롭혔습니까? 그런데 대제사장 엘리아십의 아들인 요야다의 아들들 가운데 한 명이 산발랏의 사위였습니다. 그래서 쫓아냈다는 것입니다. 느헤미야는 이 사실을 목도하고 하나님 앞에 눈물의 기도를 올립니다. 이제 겨우 포로 생활을 끝내고 예루살렘으로 돌아왔는데, 다시 하나님께 죄를 범하는 백성들을 보며 암울한 생각이 들었던 것입니다. 본문 중에서 14절, 22절, 31절을 보면 느헤미야가 용서와 자비를 베풀어 달라고 애원한 것을 알 수 있습니다. 그 기도를 세 번씩이나 했습니다. 백성들이 또 하나님의 저주를 받을까 봐 걱정이 되었던 것입니다. 이것이 종교 개혁입니다. 이것이 신앙 개혁입니다.

하나님은 우리에게 대단한 사상을 요구하시지 않습니다. 우리의 작은 매일의 예배, 매일의 기도, 매일의 헌신을 기뻐하십니다. 매일 교회 나오는 훈련을 하고, 매일 새벽기도를 하는 훈련을 하십시오. 내 육신은 그것을 원하지 않을지라도 훈련하십시오. 주일에 봉사하는 모임에 참여하고 자기를 희생하고 자주 하나님과 시간을 보내십시오. 그러면 우리의 인생이 달라질 것입니다. 표정이 밝아지고 근심과 걱정이 다 사라질 것입니다.

오늘도 하나님의 말씀을 기억하십시오. 기적이 일어나지 않아도 감사하며 사십시오. 일상에서 하나님을 의지하고 하나님 중심으로 살면 우리뿐만 아니라 이 나라가 복을 받을 것입니다.